U0816441

雅拉国家公园 高峰 | 摄

森林里的火车　高峰｜摄

尼尔瓦拉高架桥墩柱、盖梁

尼尔瓦拉高架桥跨越尼尔瓦拉河

"一带一路"合规经营
系列丛书

工程建设企业境外合规经营指南
斯里兰卡

中国施工企业管理协会
中铁五局集团有限公司
编著

中国市场出版社
China Market Press
·北京·

图书在版编目（CIP）数据

工程建设企业境外合规经营指南. 斯里兰卡 / 中国施工企业管理协会，中铁五局集团有限公司编著. 北京：中国市场出版社有限公司，2024. 8. --（“一带一路”合规经营系列丛书）. -- ISBN 978-7-5092-2581-3

Ⅰ. F426. 9-62

中国国家版本馆 CIP 数据核字第 2024SM2399 号

工程建设企业境外合规经营指南：斯里兰卡

GONGCHENG JIANSHE QIYE JINGWAI HEGUI JINGYING ZHINAN：SILILANKA

编　　著： 中国施工企业管理协会 中铁五局集团有限公司
责任编辑： 王雪飞

出版发行： 中国市场出版社
社　　址： 北京市西城区月坛北小街 2 号院 3 号楼（100837）
电　　话：（010）68034118/68021338
网　　址： http：//www. scpress. cn

印　　刷： 河北鑫兆源印刷有限公司
规　　格： 145mm×210mm　　32 开本
印　　张： 9. 5　　**字　　数：** 240 千字
版　　次： 2024 年 8 月第 1 版　　**印　　次：** 2024 年 8 月第 1 次印刷
书　　号： ISBN 978-7-5092-2581-3
定　　价： 68. 00 元

版权所有 侵权必究　　印装差错 负责调换

《工程建设企业境外合规经营指南：斯里兰卡》

编 委 会

主　　任：曹玉书

副 主 任：尚润涛　李清旭　郑学选　王海怀
汪建平　周育先　陈　云　戴和根
姚　强　周厚贵　蒋德军　汪桃义
白小虎　马健峰　樊　军　裴宏伟
卞家骏　蔡典维　孙　波　宫长义
张桂玉

主　　编：曹玉书

副 主 编：尚润涛　吴永松

执行主编：孙晓波　马玉宝　王武民　张长春
王　锋　邓本举　罗　觉　赵海龙
王战林　何学锐　吕　凯

参编人员：韩　磊　翟绍燚　王培尔　郁海波

专家审核组成员：

马燕冰　中国现代国际关系研究院研究员
何　胜　对外经贸大学教授
章旭彦　中国施工企业管理协会合规顾问
彭世红　中建国际建设有限公司副总经理

岐温华　中国电建集团海外投资有限公司总法律顾问
　　　　兼首席合规官
张　磊　中国土木工程集团有限公司中土研究院副院长
宋玉祥　上海市建纬（北京）律师事务所高级合伙人
张明明　中国石油天然气第一建设有限公司
　　　　企管法规部经理
张玉金　江西中煤建设集团有限公司企业管理部部长、
　　　　合规办公室主任

PREFACE

序言

“一带一路”倡议是顺应全球治理体系变革，彰显同舟共济、命运与共意识的国际公共产品。作为完善全球治理体系、推动构建人类命运共同体的中国方案，共建“一带一路”已经成为171个国家（地区）和国际组织开展国际合作的新模式，正在向高质量共建的阶段迈进。

共建“一带一路”在完成总体布局的基础上，聚焦重点、深耕细作，扎实推进项目实施，累计开展了3000多个项目，可圈可点的成果、实实在在的好处，让“一带一路”朋友圈不断扩大。中国企业参与“一带一路”建设的程度也越来越深入，面临的市场环境越来越复杂，合规经营在企业可持续发展中也显得越来越重要。

为更好地帮助企业提高合规经营管理水平，有效防范及化解经营风险，早在2017年5月，习近平总书记就中国企业合规经营问题，在中央全面深化改革领导小组会议上，明确指出加强企业海外经营行为合规制度建设的必要性。2018年7月1日，国家标准《合规管理体系指南》（GB/T 35770—2017）正式实施；2018年11月2日，国务院国资委《中央企业合规管理指引（试行）》发布实施；2018年12月26

日，国家发展改革委正式发布《企业境外经营合规管理指引》，为中国企业更好地开展境外经营业务、建立合规管理体系和制度，提供了官方的指导意见。

中国施工企业管理协会基于工程建设行业的实践经验和研究成果，联合12家会员单位，在国家发展改革委区域开放司的指导下，出版《工程建设企业境外合规经营指南》（以下简称《指南》），结合企业自身情况，以丰富翔实的案例，系统地从市场环境、通用规则、国别（地区）规则以及示范项目等角度展示了中国企业在境外稳扎稳打、开拓进取的合规发展历程，具有针对性、实务性和系统性的特点，是一套指导性非常强的工具书。

《指南》的出版有利于帮助广大施工企业适应国际工程承包自由化、便利化的市场环境，引导企业以实现行业高质量发展为目标，期望通过树立境外合规经营优秀典型，分享境外合规运营经验，帮助企业完善合规运营体系，形成合规文化，提升企业在国际市场中的竞争力。同时，在更广泛的范围倡议共建“一带一路”的企业，增强机遇意识和风险意识，夯实基础，固牢底线，趋利避害，在发展中不断前进，在合作中茁壮成长。

曹玉书

2021年12月

PREFACE
前言

随着中资工程建设企业的海外发展与参与全球工程建设市场竞争的深入，面对的国际市场竞争已经从硬件的竞争上升到软件的竞争，从规模、快速交付的竞争上升到企业责任理念和道德水准的竞争，国际化运营面临着合规的多重挑战。

进行合规经营管理主要有两方面的原因：第一，外部驱动，国际工程建设市场监督日益严格，合规经营已经成为普遍共识；第二，内在要求，国内市场在合规经营方面有着丰富的经验和完善的制度、管理体系。但在海外经营管理中，每个国家（地区）的特殊性、复杂性和有效性各有不同，企业也缺乏完善的制度，最近10年出现大量因合规问题导致项目失败、经营人员陷入腐败等一系列严重问题。

由于每个国家（地区）的文化、宗教信仰、经济水平、法律制度等不尽相同，这就要求我们必须针对不同的国家（地区），编写不同的合规经营指南。

中铁五局集团有限公司（简称中铁五局）自2003年进入斯里兰卡基础设施建设市场，至今已经有20余年，中标金额达24.5亿元人民币。先后参与了北部高速公路、南部铁路、南部高速公路、中部高速公路等 8 个大型基础设施项目建设，涵盖了铁路、高速公路、市政道路、房建等多个工程领域，涉及了跨海大桥、特大桥梁、长隧道等高难度、高风险施工作业，培养了一批具有国际视野的工程技术、施工管理、工程经济类人才，项目实施期间也为当地创造了创业、就业机会。

谈合规经营不得不先说斯里兰卡的经济、政治现状。斯里兰卡在 2019 年经历了举世震惊的“4・21”复活节恐怖袭击和总统选举等重大事件，2020 年初，斯里兰卡全国上下正高度期待新一届政府大力发展经济，扭转颓势，但新冠疫情暴发，举国上下各行业都遭受严重冲击，一时之间经济萎缩、民生艰难。2021 年疫情持续蔓延，全国实施交通封锁长达数月。截至 2022 年 12 月底，全国累计新冠确诊病例达 67.2 万例，死亡人数超 1.68 万。到 2022 年下半年，主要国际评级机构将斯里兰卡国家主权债务评级调低至 CC。斯里兰卡 2022 年全年 GDP 实际萎缩 11.8%，其中农业下降 8.7%，工业下降 21.2%，服务业下降 2.6%。整个国家外债高举，外汇严重短缺，燃料供应严重不足，停电频繁，通货膨胀屡创新高，民生异常艰难。2022 年 4 月第一次出现政府债务违约，出现了空前严重的经济危机，同年 7 月经历了前所未有的政局动荡，上任总统仓促出逃，在国外宣布辞职。政府官员腐败日趋严重。

政府官员的腐败和经济危机导致的政府信誉降低，对在斯里兰卡的合规经营造成更大的挑战。工程企业相关的合规现状主要表现在以下几个方面：一是政府官员和代理人不讲信用，代理协议形同虚设；二是政府项目投资退出机制不完善，投资政策不清晰；三是合规经营中的法律风险。

总之，在斯里兰卡的经营过程中充满了很多违规风险，主要有三方面原因：第一，经营人员对当地的政治、经济、文化不了解；第二，当地的制度不透明、政策不稳定等；第三，国内公司总部的监管制度不完善，力度不够强。

首先，在斯里兰卡的经营人员必须加强学习，深入了解斯里兰卡的政治、经济、文化和法律等各个方面的现状；其次，公司总部要加强内控，加强对相关境外人员的业务指导；最后，各类人员要勇于担责，不能因为有风险而不作为。

自 2003 年进入斯里兰卡市场以来，中铁五局一直秉承“追求卓越，勇于跨越”的中铁精神，以铁路基础设施为核心，做好海外公共事业的服务商。20 多年来，中铁五局高举“开路先锋”的旗帜，始终致力于做“一带一路”建设的践行者，为斯里兰卡基础建设及民生发展作出突出贡献。

国际形势风云变幻，疫情、俄乌冲突和气候变化对世界上很多国家和地区都产生了影响。斯里兰卡最主要的问题是经济问题，要想经济转好，需要增加外汇收入。一是增加出口，减少进口；二是加大引进外资，出台明确稳定和优惠的吸引外资投资政策；三是增加侨汇；等等。这些都需要一个稳定的政局。2022 年 7 月拉尼尔·维克拉马辛哈总统上台后，政局趋于稳定。但是斯里兰卡想实现长期稳定并逐步恢复以前的形势，受到多方面的影响和制约，困难重重。

斯里兰卡这个美丽的岛屿有着丰富的旅游资源、相对完善的法律制度和充足的人力资源。如果政府能够尽快优化吸引外资的政策和法律，提高官员的廉洁度，对企业的合规经营也会有很大的帮助。总之，相信斯里兰卡的明天会更好。

CONTENTS

目录

Chapter 1

第一章

境外工程建设合规管理的重要性

“合规”一词源自英文 compliance，是指企业行为符合法律法规及其内部规章制度和商业道德的要求。企业合规管理本质上是对企业内部的自我管理提出了要求，不仅要求其合法合规，还要求其遵守企业自己制定的规章和社会承认的商业道德。近年来，随着中国“走出去”战略、“一带一路”倡议的推动，越来越多的企业走出国门，开始广泛参与跨国经营，而与此同时，越来越多的中国企业遭受海外合规处罚，引发了国内企业对于合规问题的关注和思考。

一、合规的起源

（一）企业合规思想的起源

合规思想最早可追溯到成立于1906年的美国食品和药物管理局（FDA）当时对食品和药物安全的监管，这促使部分企业开始将合规视为企业运营的一部分。20世纪50年代，英国为发展外向型经济，向外扩张本土企业。尽管当时的英国法律以及各个行业的规章制度相对比较完善，但对外投资要做到“入乡随俗”，英国本土的法规、企业规章和文化理念等已不适用于投资所在国。在此背景之下，从国家、行业和人员三个层面考虑，英国率先推出合规。

（二）企业合规体系的诞生

20世纪60年代，因电气设备行业龙头企业的垄断行为，美国开始反垄断大潮，政府在该领域重拳出击，合规管理随着美国《反托拉斯法》（反垄断法）的实施而得到了普及，在当时促使很多企业开始建立反垄断合规体系。

（三）企业专项合规体系的建设

20世纪70年代，为应对这一时期出现的系列财务丑闻，美国证券交易委员会在1977年颁布了《反海外腐败法》，要求上市公司在贿赂、回扣、记账和其他方面执行合规政策。《反海外腐败法》在合规的世界发展史上具有标志性意义。一方面是因为该法在反腐败领域具有广泛的域外管辖效力，至今仍然是悬在各跨国企业头上的“达摩克利斯之剑”；另一方面是因为该法要求企业对资金往来进行准确的会计记录，从而直接介入了企业财务内控体系的建设。

1986 年，美国发布了《环境审计政策声明》，将企业环保作为合规工作要点，鼓励公司对设备使用是否符合环保要求进行系统、定期和客观的检查，以确保公司合规体系的有效性，发现潜在的环保违规问题。同一年，美国军火企业联合起草了《国防工业的商业伦理与企业活动精神》，将自觉履行合规管理制度作为企业自律的要求。1988 年，美国又通过了《内幕交易与证券欺诈取缔法》，进一步防止证券内幕交易。这一系列专项法案的制定推动了企业在问题领域专项合规体系的建设。

二、合规体系的成形与完善

（一）企业合规体系的成形

20 世纪 90 年代以前的合规管理多集中在某些具体领域，从 20 世纪 90 年代开始，企业全面合规体系建设逐渐成形。标志性的事件是 1991 年美国量刑委员会发布《针对机构实体联邦量刑指南》（简称《量刑指南》）。

《量刑指南》主张将机构实体是否具备完善的合规体系作为减轻刑事责任的重要考量。该指南的出台标志着现代合规理念与合规标准的成形。企业按照《量刑指南》的合规标准审查现有合规体系或建立新合规体系。

1992 年，关于通过控制危险废物跨越国境的转移和处置来防止危险废物对环境和人体健康造成危害的全球性国际公约——《巴塞尔公约》开始生效，目前已经有 187 个国家签署。

1995 年，联合国首次提出“全球契约”的构想，号召企业以承诺遵守国际行为准则的方式，使经济活动兼顾社会公益，承担相关社会责任。2004 年，“全球契约”扩充形成人权、劳工标准、环境、反贪污四个方面的十项基本原则。

1997 年，经济合作与发展组织（OECD，简称经合组织）成员国达成《反对国际商业活动中向海外政府官员行贿行为公约》。

（二）企业合规体系的规范

2001—2002 年，安然有限公司和世界通信公司等企业发生财务造假丑闻，暴露出美国上市公司治理和财务审计方面存在的严重问题。为加强公司监管、重振投资者信心，美国国会于 2002 年通过《萨班斯-奥克斯利法案》（简称《萨班斯法案》），对美国上市公司财务监管中存在的问题作出了针对性规定。

《萨班斯法案》适用于所有在美国上市和准备赴美上市的公司，包括外国公司，如中国的阿里巴巴、网易等，因而对世界范围内的企业经营和合规管理产生了深远影响。

2004 年，巴塞尔银行监管委员会颁布《巴塞尔协议》，鼓励银行不仅要识别当前的风险，而且要识别将来的风险，并且改进现有的风险管理体系来管理这些风险。2005 年，巴塞尔银行监管委员会又发布了《合规与银行内部合规部门》高级文件。

这一时期对合规发展产生重要影响的，还包括 2004 年修订后的《针对机构实体联邦量刑指南》。修订后的《量刑指南》为评估合规体系的有效性规定了更为细致和严格的要求，包括但不限于：培养诚信合规的组织文化、强调管理层对合规体系的监督、加强员工合规培训和宣介、建立内外部风险评估机制等内容。

（三）企业合规体系的发展和完善

肇端于 2007 年的次贷危机席卷全美。为遏制金融违规、挽回公众信任，美国国会于 2010 年通过了《多德-弗兰克华尔街改革和消费者保护法案》。该法案的规则覆盖了几乎整个金融业和国民经济，旨在改善金融业责任制和透明度，避免再次发生经济危机，是美国金融业自大萧条以来最为深远的一次改革。

反腐败合规在这一阶段再次成为热点。以美国对德国西门子公司的反腐败执法案为代表，美国司法部和证券交易委员会在这一时期对大量跨国公司进行了反腐败调查和执法。受《反海外腐败法》巨额罚款的警示（西门子被罚约 16 亿美元）和会计条款的要求，众多企业开始不断加强自身的反腐败合规体系建设。

2010 年，《量刑指南》再次修订，此次修订强调了合规官的独立性，对企业合规体系建设产生了不小的影响。

2010 年，经合组织颁布《内控、道德与合规最佳行为指南》，要求企业制定明确的政策来禁止海外贿赂，制定针对所有员工的合规执行体系、相关交流和培训机制、完善的举报制度等。

2014 年，国际标准化组织发布实施了《合规管理体系 指南》（ISO 19600），将合规管理分为建立和改进两部分，包括确定合规范围、建立合规方针、评估合规风险、制订应对计划、实施和控制、评估和报告、持续改进等阶段，为所有规模和类型的企业建立有效的合规管理体系提出了指导性建议。

2014 年，亚太经合组织通过了《北京反腐败宣言》《亚太经合组织预防贿赂和反贿赂法律执行准则》《亚太经合组织高效率公司合规项目基本要素》。

2016 年，国际标准化组织颁布了《反贿赂管理体系——要求和使用指南》（ISO 37001：2016），对于企业运营当中可能存在的不正当的利益往来行为，阐述了预防、发现和应对措施。

2017 年，美国司法部发布的《合规管理体系评估》罗列了问题样本清单，企业可以对照这份清单，对自身合规管理体系的充分性和效能进行评估。

2019 年，《量刑指南》更新版明确提出了 12 项评估合规体系有效性的指标，并在《商业组织联邦起诉原则》中明确提出了 3 个评价标准：合规体系是否设计良好？是否有效实施？是否实际发挥作用？

2021 年，国际标准化组织的《合规管理体系 要求及使用指南》（ISO 37301：2021）正式发布实施。ISO 37301 规定了组织建立、运行、维护和改进合规管理体系的要求，并提供了使用指南，适用于全球任何类型、规模、性质和行业的组织。

到目前为止，经营合规的概念已经深入商业领域的各个方面，各个国际组织都为构建全世界范围内公平、公正的合法合规经营环境不断努力着。而反过来对企业而言，经营风险不可能完全杜绝，但却可以利用已尽合规义务的规则来保护自身，并且利用合规管理规则来加强企业建设。可以说，合规潮流不可逆，主动拥抱使用才是正确的做法。

点评：

从合规的起源到完善成形这近一个世纪的发展历程之中，我们可以看到企业的合规从最初经济法的各领域，如反垄断法、证券和金融监管以及跨国商业行为，到现在已经扩展到经济和社会规制的各个领域。它从不同的企业和部门兴起，从最开始的分流和不同目标，到 20 世纪 90 年代，最终汇总成干流，初步形成相对完整的体系，而目前已经成为各国家、地区乃至全球商业组织和法律部门的共享制度。每一次合规的演变都是各个历史大事件迭代的结果，各个国家和组织都努力地从失败事件中总结经验，逐步完善并形成达成共识的合规规范。

站在企业的立场上，合规更多和“风险管理”“内控体系”联系在一起。对于风险事件而言，每一个风险事件有危又有机，危与机是共存的孪生兄弟。每一个风险事件，不只是事故，同时也是改进的契机，是推动前进的最深刻动力。因此，每个企业经营者都应充分意识到以下几点：

第一，合规要求不是对企业的约束，它最终的目标是引导全球商业环境朝健康有序、公平公正的方向发展。

第二，只有融入全球商业规则中，成为其中合格的一分子，才能接入全球的供应链环境，获取更多的业务机会，同时也能规避更多的风险。可以说，企业成为“合规组织”是参与全球竞争的最基本条件。

第三，注重企业发展过程中或者同行业中的每一次大事件，这是完善企业运行机制，规避运营风险的最好时机。

“走出去”与“全球性协作”是不可逆转的趋势，因时势而勃发的中国合规管理成为我国各个企业在国际化进程中的实践热点。但是源于美国并扩展到世界范围内的这一制度，在国内推行的时候的确有许多值得检讨的地方。中国式的公司治理、法治水平和大陆法系的制度局限性，限制了合规作用的发挥。然而，相对于开拓者，我们是幸运的，可以站在前人的肩膀上去处理合规问题。我们还需要不断地完善合规管理和制度，这正是我们向前迈进最正确的方向。

三、合规管理的基本概念

合规是指企业及其员工的经营管理行为符合有关法律法规、国际条约、监管规定、行业准则、商业惯例、道德规范和企业依法制定的章程及规章制度等要求，是企业通过制定合规政策，按照内部规范的要求统一制定并持续修改合规规范，监督内部规范的执行，以增强内部合规控制；对违规行为进行持续识别、监测、预警，防范、控制、化解合规风险的一整套管理活动和机制。

合规管理包括组织内部的自我审查和来自外部组织的监管，其主要内容包括（但不限于）：合规管理制度建设、合规文化建设、合规信息系统建设、合规咨询、合规培训、合规审核、合规审计、合规检查、合规考核、合规评价、合规报告、法律法规追踪、投诉举报处理、监管配合和合规问责等。

四、合规管理的意义

（一）中国当前合规管理的现状

合规管理理念和实践于 20 世纪 70 年代末由三资企业引入中国。就合规监管而言，我国也经历了由金融机构逐步向其他行业扩散的过程。目前，我国政府对于企业合规管理体系的建设十分重视，要求各行业都应加强企业合规管理，完善企业合规建设。

2006 年 10 月，中国银监会颁布了《商业银行合规风险管理指引》，为商业银行合规风险的管理提出了指引。

2016 年 4 月，国务院国有资产监督管理委员会印发了《关于在部分中央企业开展合规管理体系建设试点工作的通知》，指出企业合规管理在中国移动、中国石油、东方电气集团、招商局集团、中国中铁等 5 家中央企业开始试点。

然而，和跨国企业相比，中国企业在合规问题的处理上相对落后，很多中小企业乃至部分大企业甚至都不知道合规管理的概念，而相对重视合规管理的企业，如华为、中兴通讯和中国铁建等，其合规管理体系的构建也还处于起步阶段。我国对企业经营合规方面的相关法律法规也正在逐步完善过程中。

2008 年以来，中国企业大规模“走出去”，因为对国际上通行规则与非通行规则的认识不足或者理解不到位而产生了大量不合规的商业行为，导致企业受到经营所在地政府或者国际组织的制裁。这不仅给企业造成经济与声誉损失，还给中国企业国际形象带来负面影响。

在 2018 年，中兴通讯被美国政府处罚 14.9 亿美元的同时，被列入美国禁售制裁名单，几乎濒临倒闭。同样是中国通信行业领头羊的华为也一直受到美国相关监管机构的调查。

近年来，随着中国企业国际化程度逐步加深，我国“一带一路”倡议持续推进，更多的中国企业，尤其是工程建设、工程服务类企业，参与到世界银行以及其他国际多边开发机构贷款项目的投标、建设及服务中。然而，自 2019 年新冠疫情暴发以来，贸易保护主义日渐盛行、民粹主义不断抬头，部分地区地缘政治紧张局势难见缓解，大国政治博弈进一步加剧。受台海问题、新疆问题、印巴问题、南海问题以及 2022 年愈演愈烈的俄乌局势影响，欧美部分国家或组织为打击我国经济社会的发展，对我国在海外上市、经营的企业或项目开展过度的审核与监管，这使中国企业面临的境外经营合规风险越来越大。

截至 2022 年 3 月 11 日，世界银行官网公布数据，尚在制裁名单上的中国企业和个人共计 196 个（不含港澳台），中国是受世界银行制裁企业数量最多的国家。这为“走出去”的中国企业在合规管理方面敲响了警钟。

（二）国家对企业境外经营合规管理的重视

国家对企业境外经营合规管理越来越重视。近年来，陆续出台了规范企业境外经营行为、提升企业合规管理水平的方针政策，详见表1-1。

表 1-1　中国政府近年来发布的合规要求

时间	机　构	事　项
2010 年 8 月	商务部、外交部、国家发展改革委、公安部、国务院国资委、安全监管总局、全国工商联	·印发《境外中资企业机构和人员安全管理规定》 进一步加强新形势下境外中资企业机构和人员安全保护工作，保障“走出去”战略的顺利实施。
2011 年 7 月	国务院国资委	·发布《中央企业境外国有资产监督管理暂行办法》 目的是规范境外企业经营行为，维护境外国有资产权益，防止国有资产流失。
2013 年 2 月	商务部、环境保护部	·印发《对外投资合作环境保护指南》 引导企业积极履行环境保护社会责任，推动对外投资合作可持续发展。
2013 年 3 月	商务部	·印发《规范对外投资合作领域竞争行为的规定》 促进对外投资合作业务健康和可持续发展，规范企业海外经营行为，鼓励和保护公平竞争，杜绝不正当竞争行为，提升对外投资合作企业管理水平和竞争能力。

续 表

时间	机　构	事　项
2014 年 1 月	商务部、财政部	· 审议通过《对外劳务合作风险处置备用金管理办法（试行）》 目的是规范对外劳务合作企业的经营行为，保障外派劳务人员合法权益。
2014 年 8 月	商务部	· 审议通过《境外投资管理办法》 促进和规范境外投资，提高境外投资便利化水平。
2017 年 5 月	中央全面深化改革领导小组	· 审议通过《关于规范企业海外经营行为的若干意见》 提出要“加强企业海外经营行为合规制度建设”。
2017 年 12 月	国家发展改革委、商务部、人民银行、外交部、全国工商联	· 发布《民营企业境外投资经营行为规范》 从完善经营管理体系、依法合规诚信经营、切实履行社会责任、注重资源环境保护和加强境外风险防控等五方面对民营企业境外投资经营活动进行引导和规范。
2017 年 12 月	国家发展改革委	· 审议通过《企业境外投资管理办法》 加强境外投资宏观指导，优化境外投资综合服务，完善境外投资全程监管，促进境外投资持续健康发展。
2017 年 12 月	国家质量监督检验检疫总局和国家标准化管理委员会	· 发布《合规管理体系 指南》（GB/T 35770—2017/ISO 19600：2014） 为企业全面系统地建设合规管理体系提供了具体的指南。

续　表

时间	机　构	事　项
2018 年 8 月	推进“一带一路”建设工作 5 周年座谈会	强调企业应规范投资经营行为，合法合规经营，注意保护环境，履行社会责任，成为共建“一带一路”的形象大使。
2018 年 11 月	国务院国资委	·印发《中央企业合规管理指引（试行）》 对中央企业的合规管理体系建设提出了要求和建议。
2018 年 12 月	国家发展改革委等七部委	·发布《企业境外经营管理指引》 对于推动企业持续提升合规管理水平提供了更加具体的行动指引。
2021 年 8 月	国家市场监督管理总局和国家标准化管理委员会	·发布《合规管理体系 要求及使用指南》征求意见稿 该稿基于 ISO 37301：2021 进行修订并代替 GB/T 35770—2017。

在 2018 年 11 月举行的民营企业座谈会上，习近平总书记指出，要在合法合规中提高企业竞争能力，形成更多具有全球竞争力的世界一流企业。在第二届“一带一路”国际合作高峰论坛上，习近平主席进一步明确，共建“一带一路”要引入各方普遍支持的规则标准，推动企业在项目建设、运营、采购、招投标等环节按照普遍接受的国际规则标准进行，同时要尊重各国法律法规。李克强总理也曾在批示中强调，强化合规经营意识是企业“走出去”的前提。他还要求国家发展改革委、商务部、国务院国资委、外交部四部委调查中国企业“走出去”遇到的问题，指导企业特别是国有大中型企业在经营中遵规守

法，切实防范风险。

2021年12月，国务院国资委发布《关于进一步深化法治央企建设的意见》，提出认真落实全面依法治国战略部署，持续深化法治央企建设，着力构建世界一流企业的合规制度体系，不断提升依法治企能力，助推企业高质量发展。2021年12月3日，国务院国资委再次召开中央企业“合规管理强化年”工作部署会，强调中央企业必须把强化合规放到贯彻习近平法治思想的高度来认识，放到落实全面依法治国战略的全局来部署，放到保障企业高质量发展的层面来推动，力争通过一年时间推动企业合规管理工作，建立健全企业合规管理体系，真正发挥规范管理、防控风险、支撑保障的重要作用。

同时，中国政府也更加积极地参与全球反腐败与合规管理的国际合作。2014年亚太经合组织（APEC）北京会议通过了《北京反腐败宣言》（简称《宣言》），中国是《宣言》的发起者和参与者。此外，中国还参与发起并通过了《亚太经合组织预防贿赂和反贿赂法律执行准则》《亚太经合组织高效率公司合规项目基本要素》等重要文件。同时，中国也积极加入各类世界级别的公约，如《联合国反腐败公约》《国际商务交易中打击勒索和贿赂行为准则》等。作为中国的企业，必然要顺应全球合规治理加强的大趋势，履行公约所规定的义务，积极预防和应对商业贿赂，树立和维护国家形象。

（三）中国企业境外经营合规管理的重要意义

合规管理是企业稳健经营运行的内在要求，也是防范违规风险的基本前提，是每一个企业都必须重视且进行管理的一部分，也是保障自身利益的有力武器。

合规管理可以防止决策失误。领导者的权限较大，再小的决策失误都有可能引发公司的多米诺效应。合规化管理能够通过约束高层领导人员的相关行为，最大限度地减少因决策失误而带来的经营风险。

合规化管理是规范员工行为的有效手段，通过建构科学的企业合规文化以及合规体系，有利于让员工养成合规化的习惯，避免违规风险。同时在制度层面向广大员工普及合规管理的相关条例，有利于让员工自觉自律地避免违规化操作。

对于境外经营的中国企业来说，合规管理还有着更多更高层次的意义。

1. 树立和维护国家形象的需要

跨国企业虽然具有国际性，并且遵循基本的商业逻辑行事，但在以国家为主体的当代世界中，让人产生的第一印象还是其国家形象。如果中国企业在“走出去”的时候能够塑造一个遵规、亲和、友善、负责的中国形象，就会减少许多冲突和困境。因此，建立合规体系并使其有效运行，是使企业所有商业活动始终保持合法合规的基本保障，是中国企业在境外经营时，树立和维护国家整体形象、提升企业国际声誉的最基本条件。

2. 文化融入的需要

在国际市场上，我国企业在工程建设领域技术方面的差距并不大，但在管理和文化层面还有很大差距。因此，建设与国际经营接轨的先进企业文化，转变思想观念、改变思维方式，成为我们参与国际竞争的关键因素。

在合规经营、反对腐败成为主流价值观的大背景下，我们首先要创新的就是合规文化。要把文化理念转变为行为，需要通过建立系统的制度，将合规要求融入具体的工作流程及岗位中，持之以恒地严格执行。将表面的合规管理逐渐变成习惯，形成一种严谨的行为方式。通过合规制度的建立与执行、合规文化的培育，将管理文化由任意型、粗放型向信誉型、集约型转变。

中国文化比较强调变通、灵活，有时候这是优点，有时候就容易出问题。企业要想真正融入国际大家庭，实现做强做优，就必须对我们的行为方式和道德文化进行认真反思和总结，学会遵守国际游戏规则，才有可能自立于世界大企业之林。

3. **市场竞争的需要**

随着中国企业的发展壮大，一部分中国企业已处于发展变革的重要阶段。在这个阶段中，一是面临更多、更复杂的合规风险。二是在合规要求更严格的环境下参与市场竞争是未来的发展趋势，这就决定我们只有走合规经营之路，才能防范合规风险，才能在世界范围内和发达国家跨国公司竞争。而合规经营又能反过来提升企业的信誉，从而增强国际竞争能力。通过行为的合规来进一步保障执行结果正确，这也是提升企业经营质量的必选之路。

4. **防范政治风险的需要**

当前，世界正在经历大变局，人类社会进入大发展、大变革的新时代。世界多极化、经济全球化、社会信息化、文化多样化持续发展，全球治理体系和国际秩序变革持续推进，各国相互联系和依存大大加深，国际力量分布趋于重构，国际社会对于可持续发展的呼声更加强烈。与此同时，国际及地区安全形势日趋复杂，全球性威胁挑战日益上升。国际上少数势力继续顽固奉行单边主义，诉诸强权政治，干涉他国内政，损害他国正当权益，制造矛盾、分歧和对抗，阻碍人类社会发展进步。

在这样恶劣的国际形势背景下，作为后起之秀的中国企业，在国际市场上的一举一动都备受关注，一旦出现失误就会被无限放大、抹黑。如何保持合规经营，不被某些国家用经济规则的借口制约发展，对于应对极高的地缘政治风险具有积极意义。

（四）工程建设企业境外经营合规管理的重要性

自2013年我们提出共建“一带一路”倡议以来，越来越多国家响应，共建“一带一路”正在成为我国参与全球开放合作、改善全球经济治理体系、促进全球共同发展繁荣、推动构建人类命运共同体的中国方案。其中，作为共建“一带一路”的“排头兵”，对外工程承包企业与“一带一路”沿线国家一起，以基础设施互联互通建设为起点和重点，共同建设了许多重大项目，对切实改善相关国家的基础设施状况发挥了重要作用。互联互通的基础设施发展目标更为对外工程承包业务注入了活力和动力。

随着共建“一带一路”向高质量发展方向不断推进，对外承包工程业务面临发展方式创新、合规合法经营等重大挑战。近年来的政府工作报告均指出，高质量共建“一带一路”，坚持共商共建共享。其中特别强调要“遵循市场原则和国际通行规则”，这必然要求“走出去”的中国企业把境外合规经营放在首位，不搞内幕交易，不钻漏洞空子，树立起境外合规经营优秀典范的形象，让国际社会看到，惠及世界人民的“一带一路”是有规矩、守规矩的“一带一路”。同时，企业也能通过完善合规运营体系，形成合规文化，进一步提升在国际市场中的声誉和竞争力，朝着良性、健康的方向行稳致远。

五、融合ESG评价体系的合规管理

（一）ESG评价体系

ESG是英文environmental（环境）、social（社会）和governance

（治理）的缩写，其概念由联合国于2004年率先提出，是一种旨在引导社会关注企业环境、社会、治理能力而非只偏重财务绩效的价值理念和评价标准，是对企业在促进经济可持续发展、履行社会责任等方面所作出的贡献进行评估。ESG标准下的"E"（环境）将重点放在企业环保政策、员工环保意识及企业对于温室气体排放、空气质量、能源管理、燃料管理、水及污水管理、生物多样性等多方面所作出的贡献，"S"（社会）则侧重于企业在人权、客户权益、社区关系、数据安全及客户隐私、劳工关系、职业健康与安全、多样化与共融等方面的成绩，"G"（治理）指企业在系统化风险管理、意外及安全管理、报告和审计政策、监管覆盖等多方面的举措。

政府监管机构和投资者可以通过对企业ESG绩效的观察，评价投资对象在促进环境保护、促进经济可持续发展和履行社会责任等方面的表现，进而在政策引导和投资决策方面采取相应的行动。ESG评价体系已逐步发展成为衡量企业发展潜力和前景的新型标准和投资人遵循的投资准则，其理念在全球政府和市场主体中得到广泛实践和推广，并成为发达国家、新兴市场国家的主流投资理念和实践策略之一。

（二）ESG在中国的发展

目前我国尚未全面要求上市公司强制性进行ESG相关信息的披露。近年来，在全球节能减排的环保大背景及我国可持续发展战略的带动下，我国政府亦提出在2030年前实现碳达峰、2060年前实现碳中和（"双碳"）目标，ESG体系中所倡导的节能环保、可持续的企业经营理念与国家所倡导的可持续发展战略及绿色发展理念高度契合。

基于上述背景，我国政府及证监会对于规模型企业、上市公司及特殊行业进行ESG相关信息披露、开展ESG评级的意愿越来越强烈。

例如，在 2020 年 3 月，由中共中央办公厅、国务院办公厅印发《关于构建现代环境治理体系的指导意见》，指出要建立完善上市公司和发债企业强制性环境治理信息披露制度。2021 年 5 月，生态环境部发布《企业环境信息依法披露管理办法》，要求符合条件的重点排污单位、上市公司、清洁生产审核企业、发债企业强制披露环境信息。2021 年 7 月，中国人民银行印发行业标准《金融机构环境信息披露指南》，有效促进更多金融机构编制环境信息披露报告。2022 年 3 月，国务院国资委成立社会责任局，其主要责任之一为"抓好中央企业社会责任体系构建工作，指导推动企业积极践行 ESG 理念，主动适应、引领国际规则标准制定，更好推动可持续发展"。2022 年 4 月，中国证监会发布《上市公司投资者关系管理工作指引》，明确了上市公司投资者关系管理工作的主要职责，在沟通内容中增加上市公司的 ESG 信息。2022 年 5 月，国务院国资委发布《提高央企控股上市公司质量工作方案》，提出力争 2023 年实现央企 ESG 报告的全覆盖，并且要推动央企建立 ESG 的评级体系。2023 年 4 月，生态环境部、自然资源部等 11 部门发布《碳达峰碳中和标准体系建设指南》，提出加快构建结构合理、层次分明、适应经济社会高质量发展的碳达峰碳中和标准体系。2024 年 4 月，上海、深圳和北京证券交易所共同发布了《上市公司可持续发展报告指引》，要求上证 180、科创 50、深证 100、创业板指数样本公司及境内外同时上市的近 460 家公司强制披露 ESG 报告，且需在 2026 年 4 月 30 日前与 2025 年报同期披露。

上述文件的发布及相关指导机构的成立，无不在向社会释放一种信号：国家持续关注 ESG 体系，ESG 报告在企业年度报告中的占比将逐渐增大，未来 ESG 评价体系将对上市公司及拟上市公司产生更大的影响。

2023年9月，《中央企业上市公司ESG蓝皮书（2023）》对441家央企上市公司的ESG治理水平进行了综合性评价。蓝皮书显示，2023年逾60%的央企上市公司明确了ESG战略规划相关要求，近80%的央企上市公司明确了ESG主管部门或处室。截至2023年8月底，近87%的央企上市公司发布了独立的社会责任报告及ESG报告，54家中央企业实现控股上市公司报告发布“全覆盖”。

国际ESG的发展主要得益于国际组织及投资者的市场推动，而在我国ESG政策的发展过程中，监管部门起到了非常重要的引导作用。例如：

（1）国务院国资委对中央企业和国有企业披露社会责任报告或ESG报告提出了明确要求。

（2）生态环境部门对环境信息披露作出了具体要求，信息披露的主体和内容较以往都更加完善。

（3）中国人民银行主要对金融机构披露环境信息提出要求，并发布了相关指南。

（4）中国证监会和证券交易所主要对上市公司披露社会责任报告、ESG报告提出了相关要求，包括港股上市公司、A股纳入MSCI指数（明晟指数）的上市公司、科创板公司以及其他符合条件的沪市及深市上市公司。其中，港交所发布了具体的ESG披露指引。

然而，目前国内尚未建成较为完善的ESG信息披露体系，以此来衡量企业信息披露的可比性、可靠性和可信度。

我国不少企业表示，国际主流评级体系的ESG价值观存在一定程度的差异，在中国使用时难以结合中国国情，导致对中国企业的评价不够客观。部分企业参照了国际主流ESG披露标准，例如全球报告倡议组织（GRI）发布的标准。一些在ESG方面做了很多实事的中国企业，所获评价低于实际情况，投资机构难以依据评估结果对 ESG 风险和价值作出全面分析判断。

不过，我国 ESG 相关团体标准在近年快速涌现。如 2022 年 6 月 1 日起正式实施的国内首个企业 ESG 披露团体标准《企业 ESG 披露指南》（T/CERDS 2—2022）。

进一步引导和规范国内 ESG 信息披露标准，立足我国国情和发展阶段，加快构建中国特色 ESG 评价体系已成为业内共识。

点评：

国内外 ESG 评价体系

1. 国际 ESG 评价体系

据不完全统计，全球 ESG 评级机构有 600 多家，其中影响力较大的有彭博、明晟、汤森路透、富时罗素、路孚特、晨星等。不过，不同 ESG 评级机构在机构使命、机构特性、评级目标、评级框架、评级方法、打分机制、评级结果，乃至产品与服务方面存在巨大差异。

例如，英国富时指数涉及 12 个领域 300 个指标，汤森路透 ESG 评级涉及 10 个领域 178 个指标，道琼斯指数涉及环境和社会的六大领域，MSCI 指数涉及 10 个主题 35 个关键问题，晨星 ESG 则涉及 6 个领域共 18 个关键问题。当然，各评级机构也会逐步更新其评级标准。

2. 国内 ESG 评价体系

与国际相比，国内 ESG 评价体系起步较晚，但近几年发展却很迅速。目前，国内主流 ESG 评级体系有华证 ESG 评级、中证 ESG 评级、商道融绿 ESG 评级、嘉实 ESG 评级、社会价值投资联盟 ESG 评级、万得 ESG 评级等。

在评级对象方面，华证、中证、商道融绿与嘉实基金等机构的 ESG 评级体系均为 A 股公司，其他机构以中证 800、沪深 300 成分股为主。指标体系方面，多数评级的一级指标体系从 E、S、G 三个维度展开。

在数据搜集方面，多数机构通过公司公开披露与多方监控等多渠道获取。

（三）融合 ESG 的合规管理体系

ESG 合规已成为业界共识。ESG 作为衡量企业发展可持续性表现的重要维度之一，是建立企业合规管理体系不可或缺的重要组成部分。但相较于其他的合规事项，目前阶段的 ESG 合规还需要参考更多的国际合规标准和风险管理方法，同时也有必要了解其他国家的合规要求，以适应“企业出海”的需要。因此，在 ESG 领域，我国企业所要合的“规”体现出了国际化程度高、合规边界广的特征。总体上，ESG 的公司治理维度要求企业进行合规风险识别和管理，这就需要企业根据部门职责、岗位职责和不同类型的组织活动，识别合规风险源，并定义每个合规风险源对应的合规风险状态，以制定合规风险源清单和合规风险状态清单。《合规管理体系 要求及使用指南》（ISO 37301）与一些风险管理的标准和评估技术，如《风险管理标准》（ISO 31000）和《风险管理-风险评估技术》（IEC 31010），可作为 ESG 评价体系中系统性风险的识别提供方法论依据。

融入 ESG 的合规体系应建立在对 ESG 理念和实践、大合规因素的深刻理解之上，塑造真正良好的 ESG 评价体系，进而有效防范或降低系统性风险。

（四）企业在 ESG 体系下的合规管理

企业内部 ESG 合规体系的建立是势在必行的，需将 ESG 纳入公司运营的方方面面，在公司日常风险管控中增强环境保护、社会责任以及公司治理成效等方面的意识，在制定公司合规目标时，除传统的财务效益外，还应兼顾环境效益及社会效益。

具体而言，在环境因素上，企业可借助外部专业律师团队的力量为企业披露 ESG 体系下企业可能存在的风险，例如在某一具体项目立项前委托专业律师团队进行环境、环保尽职调查，对潜在的环境风险及社会影响进行评估与管理；在项目具体实施过程中时刻防范环境因素风险，防范其因项目实施造成环境污染而遭受行政处罚等。同时，结合目前的“双碳”趋势，企业也可根据自身发展需要及需求参与到绿色金融、碳排放交易之中。目前在碳排放交易方面，国家政策属于重大利好时期，碳排放交易可有效促进企业自身节能降耗，增强企业可持续发展能力，同时也与企业承担污染防治、环境保护等社会责任的理念以及国家“减碳降碳”的决心相契合。

从社会因素而言，企业在开展具体项目时，应注意因地制宜，最大限度地减少项目对当地生态、人文等造成的影响，同时也可开展项目为当地提供更多的就业岗位与经济支持。在项目开展的过程中深度参与当地社区建设，主动承担社会责任。同时企业也应注意此类社会公益福利项目的积累，可在企业内部形成一个 ESG 信息数据库，当企业需要进行 ESG 相关信息披露时，信息数据库将会迅速直观地为企业提供正面素材。

从治理因素上看，企业董事会成员及高管应当将 ESG 体系下的风险防控视为其日常职务的重要组成部分，将 ESG 风险应对纳入日常管理决策。在企业治理方面，企业可委托专业律师团队为其制定 ESG 相关政策指引，并形成一套健全的企业 ESG 管理体系，从而让企业员工都能够有效地参与到企业的 ESG 战略中。企业同时也应注意年度 ESG

报告、半年度或月度环境保护报告的撰写与披露，从 ESG 报告中向投资者及潜在的投资者传递企业可持续发展的理念、战略规划等。

未来近 40 年为我国的“双碳”时代，也是我国以中国式现代化全面推进中华民族伟大复兴、建成社会主义现代化强国的历史时期。实现高质量发展，促进人与自然和谐共生，是中国式现代化的本质要求。实现高质量发展的关键环节就是要推动绿色化、低碳化发展。新时代新征程，随着我国各级政府、监管部门相继出台碳达峰碳中和实施意见、方案，我国企业尤其是重点工业企业应牢固树立 ESG 理念，做好企业合规治理，走上绿色低碳的高质量发展道路。

六、合规管理与风险管理和企业内部控制的关系

（一）三者的含义

1. 合规管理

合规管理的定义如前文所述。

2. 内部控制

内部控制是指企业和各个组织在经济活动中建立的一种相互制约的业务组织形式和职责分工制度，是为了实现其经营目标，保障资产的安全、完整，保证会计信息资料的准确可靠，确保企业经营方针的贯彻执行，以及经营活动的经济性、效率性、效果性，而在企业内部采取的自我调整、约束、规划、评价和控制的一系列方法、程序与措施的总称。

1980 年后，美国 COSO 委员会（全美反舞弊性财务报告委员会发起组织）将“内部控制”定义为“一个组织设计并实施的程序，以便为达到该组织的经营目标提供合理保障”。

在COSO委员会制定的内部控制框架中，把内部控制活动分成五大组成部分，即控制环境、风险评估、控制活动、信息与交流、监督评审。

2002年，美国成立的上市公司会计监管委员会明确采用了《COSO内部控制整合框架》作为内控评价的标准体系。许多国家和地区的资本市场也采用了《COSO内部控制整合框架》，有些国家和地区在参照该框架的基础上建立了自己的内控体系。

我国在2005年先后出台了《上交所上市公司内部控制指引》和《深交所上市公司内部控制指引》两个文件。这两个文件参照了美国《萨班斯法案》的要求，在理论体系上和《COSO内部控制整合框架》一脉相承。

3. 风险管理

风险管理是指通过对风险的识别、评估，选择最有效的应对方式，在事前主动地、有目的地、有计划地处理风险，以最小成本争取获得最大安全保证的管理方法。

企业风险管理理论的发展大致分为三个阶段。

第一阶段是以“安全和保险”为特征的风险管理。100多年前，航运企业风险管理的主要措施就是通过保险把风险转移给保险公司。

第二阶段是以“内部控制和控制纯粹风险”为特征的风险管理。随着工业革命的发展，公司对业务管理和流程方面的内部控制提出了要求。美国1977年的《反海外腐败法》要求公司管理层加强内部会计控制，1992年的《COSO内部控制整合框架》提出以财务管理为主线的内部控制系统。

第三阶段是以“风险管理战略与企业总体发展战略紧密结合”为特征的全面风险管理。风险管理实践表明，仅靠内部控制难以实现企业的最终目标。为此，COSO委员会于2004年9月出台了《COSO企业风险管理整合框架》，提出了由三个维度构成的风险管理整合框架。

我国国务院国资委于2006年发布《中央企业全面风险管理指引》，标志着我国中央企业建立全面风险管理体系工作的启动。

（二）三者的侧重点

合规管理是内部控制的一个重要方面，也是风险管理的一个关键环节。内控制度的完善离不开合规化的管理及操作。

这三者各有侧重点，详见表1-2。

表1-2　合规管理、内部控制与风险管理的侧重点

合规管理	内部控制	风险管理
1. 反商业贿赂、反欺诈、反舞弊； 2. 反垄断、反不正当竞争、反洗钱； 3. 贸易管制、海关估值、转移定价； 4. 数据安全、信息保护、隐私保护； 5. 高管刑事责任； 6. 税务合规； 7. 安全健康环保； 8. 知识产权保护。	1. 组织架构的设计与运行； 2. 发展战略的制定与实施； 3. 人力资源的引进与开发、使用与退出； 4. 安全生产、产品质量、环境保护与资源节约、促进就业与员工权益保护； 5. 企业文化的建设与评估； 6. 资金活动：筹资、投资和资金营运； 7. 采购业务：购买、付款； 8. 资产管理：存货、固定资产、无形资产； 9. 销售业务：销售、收款； 10. 研究与开发：立项与研究、开发与保护； 11. 工程项目：立项、招标、造价、工程建设、工程验收； 12. 担保业务：调查评估与审批、执行与监控；	1. 战略风险； 2. 财务风险； 3. 市场风险； 4. 运营风险； 5. 法律风险； 6. 环境风险； 7. 政策风险； 8. 技术风险。

续 表

合规管理	内部控制	风险管理
	13. 业务外包：承包方选择、外包实施； 14. 财务报告：编制、对外提供、分析利用； 15. 全面预算：编制、执行、考核； 16. 合同管理：合同订立、履行； 17. 内部信息传递：内部报告的形成、内部报告的使用； 18. 信息系统：开发、运行与维护。	

合规管理的核心是若企业不合规，“企业及相关利益主体将遭遇声誉损害、高额赔偿，乃至刑事处罚”。将企业和个人行为纳入合规管理体系中，保障主体不因不合规而遭受以上损失。这是合规管理的驱动力，也是合规管理的内在核心。完善的合规体系可成为减轻责任的抗辩理由，这是合规可创造的价值，也是锦上添花的事。

内部控制的核心是“通过内部控制五要素，对管理层及员工的行为进行约束，以尽可能实现企业的运营有效、报告可靠、合规这三大目标”。内部控制可以帮助企业实现业绩和盈利目标，同时又保证企业出具的财务报告可靠和企业行为符合法律法规。

风险管理的核心是“以可接受的成本保护和创造价值”。可接受的成本是指企业对风险的偏好程度，保护价值是指企业进行风险管理的基本目的，创造价值是指企业运用风险带来的机会，它是企业进行风险管理的高级目的。随着社会波动性、复杂性和模糊性日益增加，以及利益相关者的参与度越来越高，企业更加需要完善的风险管理机制来应对。将风险管理贯穿于整个企业会产生许多好处，包括增加新的机遇、识别和管理企业的风险、增加竞争优势、减少负面损失、降低绩效偏离度、改善资源部署、提升企业韧性等。近年来，基于风险导向的管理理念逐渐兴起，企业管理中常见的公司治理、企业文化、战略管理、绩效管理、危机管理等方面都可以使用风险管理框架，以促使其更好地标准化、科学化。

（三）三者的关系

合规管理、内部控制、风险管理都是企业治理与管理必不可少的一部分。在经济与社会不确定性不断增加的情形下，以及政策作为经济与社会治理的重要手段不断加强的时代中，在历经一些惨痛教训之后，三者都越发显得重要。

与战略管理、营销管理、人力资源管理等职能与职责相比，合规管理、内部控制与风险管理在企业中偏向于基本保障、风险预防。如果将企业比喻为一辆向前行驶的车辆，那么合规管理、内部控制与风险管理应该类似于刹车、前后护栏、ABS（防抱死制动系统）等组合在一起的功能。

合规管理、内部控制、风险管理侧重的视角不同。合规管理强调对规则（法律、规章制度、商业伦理、当地宗教和文化）的遵守，内部控制强调对行为（企业各层级、业务各环节）的限制，风险管理强调对未来不确定性事件的控制。

合规是内部控制要达到的目标之一，而内部控制则被涵盖在企业风险管理之内，是风险管理的一个基础和组成部分。因此，从三者的内涵来看，合规管理小于内部控制，内部控制小于风险管理。但从价值上来看，三者目前并不是可以相互取代的。

Chapter 2

第二章

斯里兰卡概况

一、地理位置和人口分布

（一）地理位置

斯里兰卡民主社会主义共和国（简称斯里兰卡）是南亚次大陆以南印度洋上的岛国，位于5°55′N~9°50′N、79°42′E~81°53′E。斯里兰卡南北最长435公里，东西最宽225公里，面积为65610平方公里，西北隔保克海峡与印度相望，南部靠近赤道，风景秀丽，素有“印度洋上的珍珠”之称。

斯里兰卡地处东5.5时区，当地时间比北京时间晚2.5小时。

（二）人口分布

据斯里兰卡统计局数据，截至2021年底，斯里兰卡人口总数约为2215.6万人，其中男性约1072.7万人（48.4%），女性约1142.9万人（51.6%），15~64岁劳动力人口占总人口比重为65.1%。2021年，人口增长率为1.08%。

2022年斯里兰卡人口继续增长，但与上一年相比增速放缓。据斯里兰卡中央银行统计，2022年斯里兰卡年中总人口为2218.1万人，与2021年中相比，略微增长了0.1%。与此同时，斯里兰卡人口的地理分布很不平衡，西部省在2022年中人口所占比例最高，达到28.0%，但人口数量却逐年下降，其次是中部省和南部省，2022年分别占总人口的12.7%和12.2%，北部省是年中人口比例最低的省份，只占5.3%。随着人口的增长，斯里兰卡人口密度也从2021年的每平方公里353人增至2022年的每平方公里354人。

二、自然环境和自然资源

（一）自然环境

1. 气候条件

斯里兰卡为热带季风气候，终年如夏，无四季之分，只有雨季和旱季。年均气温 28℃。5—8 月为西南季风雨季，11 月—次年 2 月为东北季风雨季。全国分三个气候带，即干燥地带、潮湿地带和山区地带。沿海地区平均最高气温 31. 6℃，最低气温 24. 2℃。山区平均最高气温 26. 6℃，最低气温 18. 2℃。从全岛来看，每年 3—6 月气温最高，11 月—次年 1 月气温较低。各地年平均降水量 1283～3321 毫米。

2. 地形地貌

斯里兰卡岛大致呈梨形，中间区域地形较高，四周区域地形较低，形成四周平原围绕中间山地的地形地貌。岛中央的皮杜鲁塔拉格勒山是斯里兰卡的最高峰，海拔大约 2524 米。北部和沿海地区为平原，其中北部沿海平原宽阔，南部和西部沿海平原相对狭窄，海拔均在 150 米左右。

3. 水系

斯里兰卡河流一般发源于中南部的高山地区，河流总体特征为短小、落差大、流速快、水流湍急、河流呈放射状分布、注入印度洋、河流支流少、流域面积小。斯里兰卡最大河流为发源于岛屿中部，最终汇入亭可马里湾的马哈威利河，全长 335 公里。

（二）自然资源

1. 农业资源

斯里兰卡土地肥沃，气候条件优越，盛产热带经济作物，具有发展农业经济的良好条件。可耕地面积400万公顷，占国土面积的61%。有大片茶园、橡胶园和椰子园。依地势不同，三大作物产区分明。沿海最低处是椰林，地势稍高地区是橡胶林，山区则种植茶树。水稻在各个区域都有种植。

2. 森林资源

斯里兰卡原是森林资源十分丰富的国家。近百年来，由于种植园的大面积开发，森林面积大为减少。目前，森林面积约200万公顷，覆盖率约30%。主要出产麻栗树、红木、黑檀、柚木和铁木等珍贵木材。此外，还有大量的橡胶木和椰子木，可用来制作家具。

3. 水果资源

斯里兰卡盛产香蕉、椰子、芒果、木瓜、菠萝、红毛丹、山竹以及榴莲等热带水果。

4. 花卉资源

斯里兰卡有约3300种花卉植物，包括睡莲、兰花、扶桑、仙人掌以及众多热带花卉。

5. 矿产资源

斯里兰卡主要矿产有宝石和石墨，此外还有钛铁、磷灰石、磷酸盐等。其石墨纯度极高；钛铁矿、金红石、高岭石、球黏土和砖黏土等多用于工业出口。

三、经济状况和发展规划

（一）经济状况

1. 总体经济

斯里兰卡1978年开始施行经济开放政策，大力吸引外资，推进私有化，逐步形成市场经济格局。近年来，斯里兰卡经济保持中速增长。2005—2008 年，斯里兰卡国民经济增长率连续四年达到或超过 6%，为独立以来的首次。2008 年以来，受国际金融危机影响，斯里兰卡外汇储备大量减少，茶叶、橡胶等主要出口商品收入和外国短期投资下降。2009 年，斯里兰卡国内军事冲突结束后，政府采取了一系列积极应对措施，大力发展经济。2022 年，斯里兰卡遭遇独立以来最严重经济危机。当前斯里兰卡宏观经济逐步回暖，但仍面临外债负担重等困难。

2. GDP

2022 年，受全球新冠疫情影响，斯里兰卡经济陷入衰退，据斯里兰卡中央银行统计，2022 年，斯里兰卡名义 GDP 总额为 771 亿美元，同比下降 7.8%，名义人均 GDP 为 3474 美元。2017—2022 年斯里兰卡宏观经济数据见表 2-1。

表 2-1　2017—2022 年斯里兰卡宏观经济数据

指标	2017 年	2018 年	2019 年	2020 年	2021 年	2022 年
名义 GDP(亿美元)	944	947	890	846	885	771
GDP 增长率(%)	6.5	2.3	-0.2	-4.6	3.5	-7.8
人均 GDP(美元)	4400	4372	4082	3858	3997	3474

资料来源：斯里兰卡中央银行。

据斯里兰卡中央银行统计，2022 年斯里兰卡工业产值约占 GDP 的 27.5%，农林渔业产值约占 GDP 的 7.5%，服务业产值约占 GDP 的 60.5%。具体情况见表 2-2。

表 2-2　2021—2022 年斯里兰卡三次产业产值及占 GDP 比重

产业		产值(十亿卢比)		占 GDP 比重(%)	
		2021 年	2022 年	2021 年	2022 年
农业、林业和渔业		949.9	906.5	7.3	7.5
1	农业、林业	812.4	783.4	6.2	6.5
2	渔业	137.6	123.1	1.1	1.0
工业		3937.9	3309.8	30.2	27.5
1	采矿业	288.0	198.7	2.2	1.7
2	制造业	2247.2	1963.3	17.2	16.3
3	电力、天然气、水和废物处理业	230.0	220.0	1.8	1.8
4	建筑业	1172.8	927.7	9.0	7.7
服务业		7414.3	7265.1	56.9	60.5
1	批发零售、运输和仓储以及住宿和餐饮服务活动	33149.8	33230.3	24.2	26.9
2	信息和通信	421.8	415.9	3.2	3.5
3	金融、保险和房地产活动，包括拥有住宅	1375.3	1163.3	10.5	9.7
4	专业服务和其他个人服务活动	1294.6	1286.3	9.9	10.7
5	公共行政、国防、教育、人类健康和社会工作活动	1172.8	1169.4	9.0	9.7
总增加值(按基本价格计算)		12302.1	11481.4	94.4	95.5
国内生产总值(按市场价格计算)		13037.9	12017.8	100.0	100.0

资料来源：斯里兰卡中央银行。

据斯里兰卡中央银行统计，2022 年，斯里兰卡投资、消费和净出口占 GDP 比重分别约为 34.4%、69.2%和-3.6%。具体情况见表 2-3。

表 2-3　2017—2022 年斯里兰卡投资、消费和净出口占 GDP 比重

单位：%

指标	2017 年	2018 年	2019 年	2020 年	2021 年	2022 年
投资	39.7	38.1	34.1	33.0	36.7	34.4
消费	67.0	68.9	71.7	73.2	70.6	69.2
净出口	-6.7	-6.9	-5.8	-6.2	-7.4	-3.6

资料来源：斯里兰卡中央银行。

3. **财政收支**

斯里兰卡财政长期赤字，甚至自 2020 年起，斯里兰卡的财政赤字已经超过了财政收入，具体情况见表 2-4。

表 2-4　2021—2022 年斯里兰卡财政情况

指标	金额（十亿卢比）		占 GDP 比重（%）	
	2021 年	2022 年	2021 年	2022 年
财政收入	1463.8	2012.6	8.3	8.3
全年支出	3521.7	4472.6	20.0	18.5
经常账户余额	-1290.4	-1540.4	-7.3	-6.4
总体财政余额	-2057.9	-2460.0	-11.7	-10.2

资料来源：斯里兰卡中央银行。

4. **债务情况**

由于各种原因，斯里兰卡长期保持着较高的政府债务率。1950 年，斯里兰卡公共债务总额为 6.54 亿卢比，占 GDP 的 16.9%，到 2022 年，该国公共债务已迅速增长到 27.5 万亿卢比，占 GDP 的 113.8%。斯里兰卡债务情况详见表 2-5。

表 2-5　2019—2022 年斯里兰卡公共债务情况

指标	2019 年	2020 年	2021 年	2022 年
中央政府总债务(十亿卢比)	13031.5	15117.2	17614.2	27492.0
总债务 GDP 占比(%)	81.9	96.5	100.1	113.8
国内债务(十亿卢比)	6830.3	9065.1	11097.2	15033.9
国内债务 GDP 占比(%)	42.9	57.8	63.1	62.3
国内债务占总债务比重(%)	52.4	60.0	63.0	54.7
国际债务(十亿卢比)	6201.3	6052.2	6517.0	12458.2
国际债务 GDP 占比(%)	39.0	38.6	37.0	51.6
国际债务占总债务比重(%)	47.6	40.0	37.0	45.3

资料来源：斯里兰卡中央银行。

5. **通货膨胀率**

由于外汇储备急剧减少，斯里兰卡经济遭受了几十年来最严重的金融危机打击，该国 2022 年的通货膨胀率创下了历史新高。斯里兰卡的总体通胀率在 2022 年 9 月达到顶峰，为 73.7%。在斯里兰卡政府和央行作出政策决定后，通胀率大幅下降。截至 2024 年 2 月，斯里兰卡总体通胀率为 5.1%，具体情况见图 2-1。

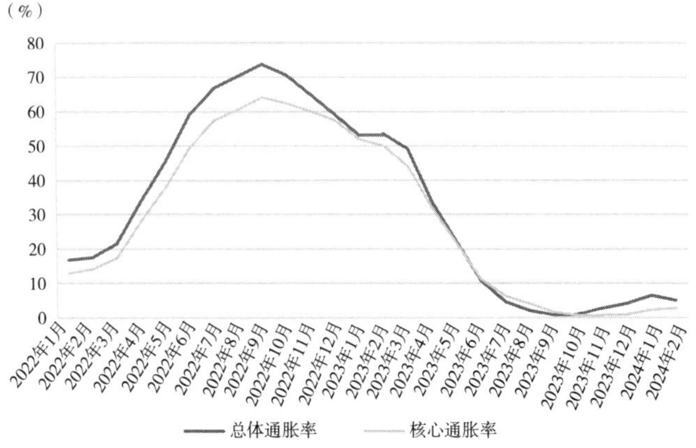

图 2-1　2022 年 1 月至 2024 年 2 月斯里兰卡通货膨胀率变化情况

资料来源：斯里兰卡中央银行。

6. 失业率

自 2013—2023 年，斯里兰卡的失业率平均为 4.6%，具体见表 2-6。2023 年，斯里兰卡失业率为 4.7%。

表 2-6　2013—2023 年斯里兰卡失业率

年份	2013	2014	2015	2016	2017	2018	2019	2020	2021	2022	2023
失业率（%）	3.9	4.3	4.7	4.4	4.2	4.5	4.8	5.5	5.2	4.7	4.7

资料来源：斯里兰卡中央银行。

7. 信用评级

2023 年 9 月，惠誉国际评级公司将斯里兰卡的长期本币发行人违约评级从“C”下调至“RD”（限制性违约）。同期，标准普尔全球评级将斯里兰卡的本币评级从“CC”下调至“SD”（选择性违约）。

（二）重点/特色产业发展情况

1. 农业

斯里兰卡是一个以种植园经济为主的农业国家，渔业、林业和水力资源丰富，茶叶、香料、海产品和椰子是其主要农产品。由于斯里兰卡农业生产成本高、生产率低、损耗大等，加之非农业产值不断上升，农业产值在 GDP 的占比一直呈下降趋势，从 20 世纪 50 年代的 50%降到 2022 年的 7.5%。

农产品出口是斯里兰卡出口创汇的重要组成部分。2022 年茶叶出口额为 12.6 亿美元，占出口总额的 19.6%；香料出口 3.7 亿美元，占出口总额的 2.8%；椰子出口 4.0 亿美元，占出口总额的 3.1%；海产品出口 2.7 亿美元，占出口总额的 2.1%。

2. **工业**

斯里兰卡工业基础相对薄弱。由于资源缺乏，大部分工业原材料仍需从国外进口。工业结构偏轻，以劳动密集型工业为主，资本和技术密集型工业发展缓慢。目前，该国主要有建筑业、纺织服装、皮革、食品、饮料、烟草、化工、石油、橡胶、塑料、非金属矿产品加工业及采矿采石业等部门。2022 年，工业在斯里兰卡国民经济中的比重达到 27.5%。

纺织服装业是斯里兰卡第一大出口创汇行业。2022 年，斯里兰卡纺织服装出口达 59.5 亿美元，占全国外贸出口额的 45.4%。橡胶制品出口额 9.8 亿美元，占比 7.5%。另外，斯里兰卡宝石及加工世界闻名，2022 年，宝石及宝石制品出口 4.5 亿美元，占出口总额的 3.4%。

3. **服务业**

斯里兰卡服务业主要包括批发零售业、酒店、餐饮业、物流、仓储、信息通信业、旅游业、金融服务、房地产及商用服务业、公共管理及其他社会与个人服务等。

近年来，斯里兰卡政府利用国民识字率高、劳动技能训练有素的相对优势，致力于把本国经济打造成为服务业导向型经济。2022 年，服务业产值占 GDP 的比重达 60.5%。贸易、运输、信息通信等产业增长较快。

（三）发展规划

1. **繁荣与辉煌愿景**（2020—2025 年）

2019 年 10 月，斯里兰卡前总统戈塔巴雅发布《繁荣与辉煌愿景》作为 2020—2025 年政府施政总的路线图及国家发展规划。在该愿景中，政府承诺将加快经济发展和社会进步，构建高效、透明及合规的社会。其 10 个要点分别为：

（1）明确国家安全的地位；

（2）奉行友好、不结盟的外交政策；

（3）建立廉洁的政府；

（4）完善宪法使其更好地体现人民的意志；

（5）创造高效、有活力的劳动力市场；

（6）发展以人为本的经济；

（7）建设以技术为基础的社会；

（8）合理开发物质资源；

（9）实现生态环境可持续发展；

（10）将法治融入社会价值观。

《繁荣与辉煌愿景》还在经济发展方面进行了更为细致的规划。在经济布局方面，着重发展以科伦坡为中心，连接第二大城市康提和南部港口汉班托塔的 C 型经济走廊，推动科伦坡、康提、汉班托塔和亭可马里四大商业中心的建设。在产业发展方面，出台有关政策鼓励发展旅游、纺织、茶叶、航运、椰子、香料等传统优势产业，并继续培育商业流程外包、数字经济、商贸服务业等新兴产业，打造新的经济增长和创汇点。

在基础设施方面，加快高速公路和国内主干线公路的建设，对现有公路、桥梁进行升级改造，推动中部高速、宝石城高速和东部高速等重点项目的顺利实施。

在电力能源方面，进一步增强电力供给，完善能源结构，发展包括水电、火电、液化天然气、太阳能在内的各类型电站，到 2030 年努力实现可再生能源可满足全国 70% 的能源需求。

在城市发展方面，重点发展科伦坡都市圈，全力支持科伦坡港口城项目，打造南亚区域内首屈一指的中心商务区，规划建设科伦坡轻轨线、城市快速路等，进一步缓解交通拥堵现状，不断提高科伦坡城市管理水平和市容市貌。

2. 国家数字经济战略

斯里兰卡信息与通信技术局在政府部门的支持下制定了国家数字经济战略，并于 2020 年 11 月由内阁通过。该战略确定了科技产业发展、初创生态系统建设、能力建设、技术推广、区域集群发展等 5 个重点领域。

该策略的重点是发展有利和必要的环境以实现数字化政府和数字化经济的目标。其中，数字化政府指通过数字解决方案促进民众与政府机构之间更好地沟通；数字化经济指企业必须采用数字解决方案来形成和保持竞争力，创造广泛机会，并推动斯里兰卡经济可持续增长。具体策略包括：与行政改革委员会和有关利益攸关方合作，制定和完善国家通信技术政策、通信技术行动计划和必要的法律框架；提供信息通信技术，促进数字化发展，为包括高级政府官员、企业和民间团体管理层建立“电子领导力”技能；通过及时和有效的方式实施项目，使信息与通信技术局成为项目管理的“卓越中心”；通过有效的沟通策略，提高对电子斯里兰卡以及数字化优势的认识等。

该战略的目标是到 2024 年使技术产业发展成为价值 30 亿美元的产业，拥有 700 家科技公司和 1000 家初创企业，并在 2025 年实现初创企业创新能力的显著提高。

3. 国家工业发展政策

2021 年，斯里兰卡政府起草“国家工业发展政策”，并正就政策草案征求利益相关者和公众意见。截至 2023 年 7 月，斯里兰卡国家工业发展政策经过精心制定并提交给内阁。该政策旨在建立具有全球竞争力的工业体系，以实现可持续和包容性增长，重点关注 9 个方面：工业发展的有利环境，与国际市场的竞争性融合，先进的工业基础设施，知识和创造型工业，数字化和向工业 4.0 转型，技术先进、创新和充满活力的中小企业，多样和一体的区域工业化，灾害、流行病和气候适应型工业以及可持续发展的绿色工业。

四、国家象征和政治制度

（一）国家象征

1. 国旗

斯里兰卡国旗俗称“狮子旗”，一只握有宝剑、向前行走状的金色狮子为主图案。现行旗帜启用于 1972 年。旗面四周的黄色边框和框内靠左侧的黄色分割线，将整个旗面划分为左右结构。左边框内是绿色和橙色的两个竖长方形；右侧为红褐色长方形，中间是一头紧握宝剑的黄色狮子，长方形的四角各有一片菩提树叶（见图 2-2）。

红褐色代表占斯里兰卡多数人口的僧伽罗族，橙色、绿色代表泰米尔族和穆斯林；黄色边框象征人民追求光明和幸福。菩提树叶表示僧伽罗族对佛教的信仰，而其形状又和斯里兰卡国土轮廓相似；狮子图案标志着该国的古称“狮子国”，也象征斯里兰卡人民的刚强和勇敢，狮子尾部的 8 个凸起象征八正道，右前爪上握有一把剑，代表斯里兰卡民众誓死捍卫国家的决心与意志。

图 2-2 斯里兰卡国旗

2. 国徽

斯里兰卡国徽图案中圆面的中心为一头狮子，其形象寓意同国旗。狮子周围环绕着 16 朵荷花瓣，象征圣洁、吉祥；花瓣又为两穗稻谷环绕，象征着丰收。图案下端是一只花碗，碗里装着庙花；花碗两侧分别为太阳和月亮图案。国徽顶端为象征宗教信仰的佛教法轮，永远转动的法轮，还象征国家如日月一样永久（见图 2-3）。

图 2-3 斯里兰卡国徽

3. 国歌

斯里兰卡国歌为《母亲，斯里兰卡》。歌词大意为：

斯里兰卡母亲，我们的斯里兰卡，
礼敬、礼敬、礼敬、礼敬母亲！
美丽富强，
极为安全的圣土，
五谷丰收，花果齐全，
充满胜利的亲爱土地，
创造了舒适、成功、幸福生活的母亲，
容我们虔敬膜拜您。
礼敬、礼敬母亲，我们的斯里兰卡，
礼敬、礼敬、礼敬、礼敬母亲！
您是我们的智慧，
您是我们的真理，
您是我们的力量，
我们致以忠诚的心。
您是我们的光，
我们的灵魂，
您是我们的生命，
我们愿意守护您。
母亲啊，赐予我们新生命，
启发我们的思想，引领我们直到自由、胜利，
团结一致，结束对立分裂，
相亲相爱到永远。
礼敬、礼敬母亲，我们的斯里兰卡，

礼敬、礼敬、礼敬、礼敬母亲！

（二）政治制度

1. 政体

斯里兰卡实行总统共和制，三权分立，多党竞争。现行宪法于1978年9月7日生效，为第四部宪法，改议会制为总统制。1982年后多次修宪。2015年4月，议会通过宪法第19修正案，对总统权力进行限制，但总统仍为国家元首、武装部队司令和政府首脑。2020年10月，议会通过宪法第20修正案，恢复并强化了行政总统制。2022年10月，议会高票通过宪法第22修正案（后正式编为宪法第21修正案），削弱了行政总统权力，重新恢复了议会宪法委员会及其各下属独立委员会，并禁止双重国籍人员担任议员。

2. 总统

前总统戈塔巴雅·拉贾帕克萨于2019年11月大选中胜出并就职，原本任期5年。2022年7月9日，斯里兰卡爆发大规模游行示威活动，抗议者占领总统府；12日戈塔巴雅离境，15日正式宣布辞职；20日，拉尼尔·维克拉马辛哈在议会选举中胜出，21日宣誓就任总统，任期至2024年11月。

3. 议会

斯里兰卡议会为一院制，是最高立法机构。议会由225名议员组成，任期5年。本届议会于2020年8月选出，斯里兰卡人民阵线党议员马欣达·亚帕·阿贝瓦德纳为新一届议长。议会席位分布情况为：人民阵线党145席，统一国民力量54席，泰米尔全国联盟10席，人民解放阵线3席，统一国民党1席，其他小党共12席。

4. 司法机构

斯里兰卡司法机构由三部分组成：一是法院，包括最高法院、上诉法院、高级法院和地方法院等；二是司法部，负责司法行政工作；三是司法委员会，负责法院人事和纪律检查。

（三）主要党派

1. 斯里兰卡人民阵线党

该党前身为 2001 年成立的国家阵线党，2015 年更名为“我们斯里兰卡自由阵线党”，2016 年更名为“斯里兰卡人民阵线党”。2015 年自由党分裂后，大量马欣达·拉贾帕克萨的支持者转而加入该党。2018 年，该党以较大优势赢得地方议会选举。2019 年 11 月，该党提名的候选人戈塔巴雅·拉贾帕克萨赢得总统选举。现任党领袖为马欣达·拉贾帕克萨。

2. 统一国民力量

该党由统一国民党原副领袖萨吉特·普雷马达萨建立，成立时间为 2020 年 2 月，主要由统一国民党部分成员及国家遗产党、穆斯林大会党、泰米尔进步联盟组成。

3. 统一国民党

1946 年 9 月，以森那纳亚克为首的锡兰国民大会党、以班达拉奈克为首的僧伽罗大会党和以贾亚为首的全锡兰穆斯林联盟合并，成立统一国民党。该党系传统右翼政党，主张自由竞争、对外开放的经济政策和不结盟的外交政策。曾于 1948 年至 1956 年、1960 年 3 月至 7 月、1965 年至 1970 年、1977 年至 1994 年、2001 年至 2004 年、2015 年至 2019 年先后独立或与其他政党联合执政。2019 年，该党推出候选人萨吉特·普雷马达萨与戈塔巴雅竞争总统职位，最终落败。现任党领袖为总统拉尼尔·维克拉马辛哈。

4. 斯里兰卡自由党

该党于 1951 年 9 月由所罗门·班达拉奈克创建，系传统左翼政党，奉行民主社会主义经济政策、民族主义和不结盟的外交政策。曾于1956年至1960年、1960年至1964年、1970年至1977年、1994年至2001年、2004年至2015年执政。1981年、1984年和1993年先后3次分裂。现任党主席为前总统西里塞纳。

5. 泰米尔全国联盟

该党成立于2001年10月，由泰米尔联合解放阵线、伊拉姆人民革命解放阵线、泰米尔伊拉姆解放组织和泰米尔伊拉姆人民解放组织等4个政党组成，总部位于斯里兰卡北部泰米尔人聚居的贾夫纳。主张泰米尔人具有民族自决权，呼吁政府保护泰米尔人权利。2011年以来该党与政府就民族问题政治解决方案展开多轮对话。现任联盟领袖为杉潘坦，总书记为塞纳提拉贾。

6. 人民解放阵线

该党成立于1970年，主要成员来自当时的锡兰共产党。直至20世纪90年代初，该党一直坚持武装斗争。20世纪90年代以来调整政策，选择议会斗争道路。现任党领袖为阿努拉·迪萨纳亚克，总书记为提尔文·席尔瓦。

7. 超级兰卡联盟

该党成立于2022年9月，因2022年经济危机，7个左翼和民族主义政党从执政联盟脱离后组建该党。主席为左翼政党全国自由阵线主席维马尔·维拉万萨。

8. 其他政党和组织

其他政党和组织还有穆斯林大会党、国家传统党、民主党、锡兰工人大会党、伊拉姆人民民主党和斯里兰卡共产党等。

五、政府机构和行政区划

（一）政府机构

2019 年 11 月，斯里兰卡举行总统选举，戈塔巴雅 · 拉贾帕克萨当选总统，原本任期 5 年。2022 年，面对严重的外汇短缺，该国 2200 万人民已持续几个月处在缺油、缺电、缺粮和缺药的状况，国家陷入 70 年来最严重的经济危机。7 月，斯里兰卡爆发大规模游行示威活动，大批示威者走上街头参与反政府游行，一些示威者更是冲破警方防线，闯入总统拉贾帕克萨的官邸。随即，拉贾帕克萨离境并宣布辞职。当月，斯里兰卡议会举行总统选举，拉尼尔 · 维克拉马辛哈胜选出任总统，后任命议会党团领袖、前外长迪内什 · 古纳瓦德纳担任总理并组建临时内阁。

斯里兰卡政府设国防部，财政、经济稳定和国家政策部，科技部，妇女和儿童事务及社会赋权部，投资促进部，港口、航运与航空部，渔业部，交通与高速公路部，城市发展与住房部，外交部，佛教、宗教与文化事务部，电力与能源部，环境部，体育与青年部，劳工与海外就业部，公共安全部，贸易、商务与粮食安全部等多个政府部门。

（二）行政区划

斯里兰卡全国分为 9 个省和 25 个区。9 个省分别为西部省、中部省、南部省、西北省、北部省、北中省、东部省、乌沃省和萨伯勒格穆沃省。

（三）主要城市

1. 科伦坡

科伦坡是斯里兰卡首都和最大的城市，也是斯里兰卡政治、商业和文化中心。其位于斯里兰卡人口稠密的西南海岸。从中世纪起，这里就是世界上重要的商港之一，在世界上享有盛誉的斯里兰卡宝石，便是从这里源源不断地输往海外。科伦坡在僧伽罗语中意为“海的天堂”，这是一座美丽的城市，市区树木繁茂，气候宜人，街头宽阔整洁，商业大楼高耸入云。

2. 康提

斯里兰卡第二大城市，著名旅游城市，被列入联合国教科文组织世界文化遗产名录，人口约 150 万，位于科伦坡东北 115 公里的中部山区，海拔约 500 米，是中部山区的主要商业、宗教、文化和交通中心。

3. 汉班托塔

汉班托塔位于南部省，距科伦坡 237 公里，是港口城市，人口约 68 万。居民主要是信奉伊斯兰教的马来人，也有相当数量信奉佛教的僧伽罗人。

4. 高尔

高尔位于南部省，距科伦坡 115 公里，是港口城市，人口约 115 万，曾是斯里兰卡南部鲁胡纳王国的首都，也是著名的海滨旅游城市。

5. 亭可马里

亭可马里位于斯里兰卡东海岸，距科伦坡 257 公里，人口约 44 万，是世界上面积最大、风景优美的天然港之一，面积 1 万多公顷，港内平均水深 25 米，航道深 36.6 米，共有码头 5 个，可停泊 10 万吨级以上大型船只。

6. **尼甘布**

尼甘布距班达拉奈克国际机场 6 公里，距科伦坡 35 公里，以渔业闻名。

7. **贾夫纳**

贾夫纳位于北部贾夫纳半岛西南端，距科伦坡 398 公里，是泰米尔人聚居的城市，人口约 63 万。

8. **努沃勒埃利耶**

努沃勒埃利耶意为城市之光，位于斯里兰卡中部，坐落在斯里兰卡第一高峰皮杜鲁塔拉格勒山麓，海拔 1896 米，有“东方瑞士”“小英伦”之称，人口约 78 万，距科伦坡 180 公里。

六、社会组织和公共交通

（一）工会及其他非政府组织

1. **工会**

斯里兰卡工会是根据该国法律成立的保护当地劳工权益、协调雇主与劳工之间关系的重要组织。几乎所有企业，尤其是外资企业都会在处理劳资关系上和斯里兰卡工会打交道。斯里兰卡政府和各党派都高度重视劳工问题，以争取更多的选民支持。

国家工人联盟是斯里兰卡茶叶种植园的活跃工会。该联盟于 1965 年建立，是茶园中最有影响力的工会组织，目前已形成政党。有超过 50 万会员，曾多次组织大型罢工行动。

锡兰工人大会成立于 1939 年，传统上代表在种植园工作的印度裔斯里兰卡泰米尔人，目前已形成政党。

2. **非政府组织**

在斯里兰卡活跃着100多个非政府组织（NGO），主要分布在援助、服务、文化教育、食品、健康、基础设施、矿业、人权、农业金融、用水卫生、宗教等领域。

（二）公共交通

1. **公路**

根据斯里兰卡道路发展局数据，截至2023年5月，斯里兰卡国家级公路总里程为12567.987公里。其中，A级路总里程4217.420公里，B级路总里程8037.981公里，E级路（高速公路）总里程312.586公里（占全国公路总里程比重约2.5%）。

斯里兰卡积极发展国家路网建设，特别是高速公路网络，进行道路升级改造。截至2023年5月，斯里兰卡已开通4条高速公路，分别是南部高速公路及延长线、科伦坡机场高速、科伦坡外环高速以及中部高速第二标段，已通车高速总里程312.586公里。高速公路的建成，极大便利了民众和游客出行，缓解了沿线交通压力，在推动斯里兰卡旅游业和物流业发展中发挥着重要作用。

根据斯里兰卡国家高速公路发展规划，中部高速第一标段、科伦坡机场高速至港口城高架高速项目、宝石城高速第一标段正在建设中。此外，中部高速第三标段正在进行前期工作。

2. **铁路**

据斯里兰卡交通与高速公路部数据，2022年斯里兰卡运营铁路线长度为1449公里，共有168站。斯里兰卡境内均为普通铁路，时速较慢，无高铁设施。斯里兰卡为独立岛国，与其他国家无相通铁路设施。

2022 年，斯里兰卡铁路局（SLR）财务表现依然低迷。根据 2022 年财务报表，与 2021 年相比，2022 年 SLR 的经营亏损进一步上升至 124 亿卢比。与 2021 年相比，2022 年 SLR 的总收入增加了 84 亿卢比，达到 111 亿卢比。这主要是由于自 2022 年 7 月起火车票价上调，客运业务收入增加。与此同时，2022 年 SLR 的总支出增加了 21 亿卢比，达到 235 亿卢比，这主要归因于该年度燃料价格上调导致经常性支出大幅增加。

点评：

科伦坡堡火车站是斯里兰卡最重要的火车站，位于科伦坡市中心。最新的火车时刻表可在铁路局网站（www. eservices. railway. gov. lk）查询。

斯里兰卡的火车车厢分为一等、二等、三等座，一等座主要面向外国观光游客，均为独立座椅，视野较好，需提前购票，不售站票；二等和三等座主要为当地居民日常出行设立，票价低于一等座，出行当天在火车站售票处购票。

3. 空运

斯里兰卡主要有两大国际机场，即班达拉奈克国际机场（也称科伦坡国际机场）和拉贾帕克萨国际机场（也称马塔拉国际机场）。其中，班达拉奈克国际机场是该国航空交通枢纽，由斯里兰卡航空公司运营。根据斯里兰卡民航局数据，2023 年全国航空客运量达 747. 5 万人次，货运量达 15. 8 万吨。

点评：

斯里兰卡首都科伦坡与中国上海、广州、成都和昆明 4 个城市已有直达航班，旅客也可在中国香港、曼谷、新加坡、吉隆坡等地转机前往斯里兰卡。

4. 水运

斯里兰卡是印度洋岛国，沿海地区占国土面积25%，人口占三分之一，超过三分之二的工业设施和超过80%的旅游设施集中位于沿海地区。斯里兰卡紧邻亚欧国际主航线，在货物转运、船舶中转和补给等方面具有独特优势。近年来，政府通过扩建科伦坡港、新建汉班托塔港，进一步增强了国际航运能力，为发展海洋经济奠定坚实基础。据斯里兰卡港务局统计，2022年，斯里兰卡靠泊船只共计4073船次，其中科伦坡港3648船次，高尔港7船次，亭可马里95船次，汉班托塔323船次。2022年所有港口货物吞吐总量为100.4万吨，较2021年下降7.9%。

5. 市内交通

（1）公交。斯里兰卡的公交车有红色和白色两种颜色，红色公交车由斯里兰卡交通委员会运营，路线基本覆盖全国。白色公交车为私人公司所有，主要在市区内运行。此外，无空调的公交车票价较低，空调车票价翻倍，携带行李需另外收费。

（2）三轮车。电动三轮车（也称突突车）在斯里兰卡随处可见，是短途出行的主要交通方式之一。除科伦坡外，其他地区的三轮车均不计价，乘车前需与司机协商费用。

（3）出租轿车。斯里兰卡的机场、酒店一般都提供轿车出租服务，可以请服务生帮助订车，也可直接致电出租轿车公司订车，主要出租轿车公司电话为：011-2566566，011-2577577，011-2588588。出租轿车采用计价器计价，需提前预订。

点评：

在斯里兰卡短期停留的外国公民可持国际驾照原件及公证件驾车，也可在获得交管局颁发的临时驾驶许可证或临时驾照后驾车。临时驾照和国际驾照的合法驾车期限过后，需要申请斯里兰卡期限为 8 年的长期驾照。

斯里兰卡车辆靠左行驶。停车时必须关闭空调，否则将面临罚款。高速公路限速 110 公里/小时，国道限速 75 公里/小时，市区内限速 56 公里/小时。超速罚款约 200 卢比。高速公路设立收费亭，过路费按距离计算，一般为 200~300 卢比，在高速出口处收费亭缴费。

七、外交关系

1. 对外政策

斯里兰卡奉行独立和不结盟的外交政策，支持和平共处五项原则，反对各种形式的帝国主义、殖民主义、种族主义和大国霸权主义；维护主权独立和领土完整，不允许外国对斯内政和外交事务进行干涉；关心国际和地区安全，主张全面彻底裁军，包括全球核裁军以及建立国际政治、经济新秩序；坚决反对国际恐怖主义，积极推动南亚区域合作，在联合国和南亚区域合作联盟（简称南盟）等组织内呼吁加强国际反恐合作。

斯里兰卡 1998 年 1 月签署了《联合国反恐怖爆炸公约》，成为该公约的第一个签字国。截至 2024 年 1 月，斯里兰卡已同 140 多个国家建立了外交关系。

2. 同中国的关系

中斯友好交往历史悠久。斯里兰卡在中国典籍中史称师（狮）子国或僧伽罗国。公元 410 年，晋代高僧法显赴斯游学，取回佛教经典并著有《佛国记》一书。明代航海家郑和下西洋时多次抵斯。15 世纪，斯里兰卡一位王子访华，回国途中在福建泉州定居，被明朝皇帝赐姓为世，其后代现仍在泉州和台湾定居。斯里兰卡沦为西方殖民地后，中斯关系一度中断。

1950 年斯里兰卡承认新中国。1957 年 2 月 7 日两国建交。中斯一直保持着友好关系，高层往来不断。尤其是 2009 年，由于受到“人权”问题质疑，欧盟中止了斯里兰卡的超普惠制待遇，美国也阻止了国际货币基金组织的贷款。斯里兰卡转而扩大与中国的合作，“一带一路”倡议提出后，斯方给予积极回应。

自 2014 年以来，中斯两国高层互访频繁。习近平主席、李克强总理、王毅国务委员兼外长等多位中国领导人访问斯里兰卡，同时斯里兰卡总统、总理、外长等也多次访华。这些访问不仅加深了双方的相互了解和信任，也为两国关系的发展注入了新的动力。

两国合作领域不断拓宽。中国是斯里兰卡的重要贸易伙伴和投资来源国，双方在基础设施建设、农业、制造业等领域开展了广泛合作。中国企业在斯里兰卡承建了多个基础设施项目，如公路、桥梁、港口等，为斯里兰卡经济社会发展作出了积极贡献。双方在教育、文化、旅游等领域开展了多项合作，如互派留学生、举办文化节、推动旅游合作等。这些交流不仅增进了两国人民之间的了解和友谊，也为两国关系的发展奠定了坚实的社会基础。

两国在许多重大国际和地区问题上拥有广泛共识，保持良好合作。双方共同致力于推动“一带一路”倡议，加强在地区和国际事务中的协调与配合。中国一直在人权问题上坚定支持斯方，多次在国际场合为斯里兰卡仗义执言。斯里兰卡政府在台湾地区、涉藏、涉疆、人权、新冠病毒溯源等问题上一贯给予中国坚定支持。

3. 同美国的关系

美国是斯里兰卡主要援助国和最大的出口市场。1997 年，美宣布斯里兰卡泰米尔族的反政府武装组织“猛虎”为恐怖组织。2004 年底海啸灾难发生后，美在斯救灾和灾后重建中发挥了积极作用。

斯里兰卡与美国签订的一系列协议促进了双边合作的加深。2017 年美斯两国续签《收购与交叉服务协议》，斯里兰卡获得军事物资及服务支持。而自 2018 年以来，美国还一直在推动续签《驻军地位协定》，更新后的协议为美国军事人员在斯行动提供框架，并允许美国部队前往斯里兰卡进行联合安全行动。

2019 年斯里兰卡大选前夕，美国专门从事对外援助的国有公司千年挑战公司宣布将为斯提供 4.8 亿美元赠款，以支持其经济发展。

2020 年 10 月，美国务卿蓬佩奥访斯。2022 年 10 月，美负责南亚和中亚事务的助理国务卿唐纳德·卢访斯。2022 年 12 月，斯外长萨布里访美。2023 年 2 月，美副国务卿维多利亚·纽兰访斯。

4. 同印度的关系

斯里兰卡和印度有悠久的历史和地缘联系。同印保持友好关系是斯外交政策的重点。双方重视经济合作，希望借此带动南盟合作的起步。印支持斯和平解决民族冲突。

印度政府通过“邻国优先”的外交政策和“地区同安共荣”理念一直致力于寻求与斯里兰卡加强各方面合作。2019 年 11 月 29 日，上任仅 10 天的戈塔巴雅·拉贾帕克萨总统首访印度。访问期间，印度承诺将为斯提供 4 亿美元信贷额度，以助力斯经济发展；提供 5000 万美元用于打击恐怖主义；并计划为斯里兰卡建造 6 万栋房屋和 27 所学校。2020 年 1 月 18 日，印度国家安全顾问阿吉特·多瓦尔也到访斯里兰卡，向斯提供 5000 万美元援助以购买国防设备，并寻求巩固印度和斯里兰卡在国家安全、情报共享、海上安全和海岸警卫队方面的合作。2020 年 2 月 7 日，斯总理马欣达·拉贾帕克萨访印，就贸易、国防和海上安全合作等问题与印度总理莫迪进行会谈。两国还通过“加勒对话”、双边国防对话和印度-斯里兰卡-马尔代夫三边海事安全机制等双边及多边合作机制保持着密切联系。

2021 年 8 月，斯里兰卡驻印度高级委员会制定了一份 27 页的《综合国家战略》，明确表明了与印度加强联系并弥补信任赤字的态度。

近几年，印度与斯里兰卡的关系已经进入了一个新阶段。在此期间，高层互访频密，加深了两国的互动。2022 年 1 月 6 日，印度石油公司与斯里兰卡签署了租用 75 个油罐的协议。2 月 6 日，斯外长佩里斯对印度进行了访问，其目的是将印斯关系从交易关系转变为战略关系。3 月 16 日，斯财长巴希尔到印度拜会了印度总理莫迪，双方就有机农业、可再生能源、数字经济、旅游、渔业等领域合作进行了广泛交流和探讨。3 月 28 日，印度外长苏杰生访问斯里兰卡，双方签署了 6 项合作谅解备忘录，涉及数字技术、可再生能源、渔业码头、海上救援协调中心等领域。其中一项是在斯里兰卡北部的贾夫纳附近的 3 个岛屿开展能源项目，这被外界解读为抢占中国的项目，因为 2021 年 1 月中国公司获得这 3 个岛屿的风能和太阳能开发权，因印度反对，12 月被斯终止，现在斯将项目给了印度。

在斯里兰卡陷入经济危机后，印度向斯里兰卡提供了约 40 亿美元的快速援助，包括信贷额度、货币互换安排和延期进口支付，并派出一艘军舰为该岛 2200 万人口送去基本药物。2023 年 7 月，斯里兰卡总统维克拉马辛哈的印度之行，进一步巩固了双方的合作框架。即便在斯里兰卡经济逐步走向复苏的道路上，印度持续的支持仍不可或缺。

5. **同南盟的关系**

斯里兰卡重视南亚区域合作，积极支持和参与南盟各项活动。1998 年 7 月，南盟第十届首脑会议在斯举行。斯积极推动南盟国家开展合作，强调经济发展是南盟的首要任务，为此需要一个和平、安定的地区环境。

八、民族和宗教

（一）民族

斯里兰卡为多民族国家，有僧伽罗族、泰米尔族、摩尔（穆斯林）等民族。截至 2022 年，僧伽罗族占 75%，大多信仰佛教；泰米尔族占 16%，大多信仰印度教；摩尔族占 9%，信仰伊斯兰教。僧伽罗族分布在全国各地，泰米尔族较集中在斯北部与东部，摩尔人分散居住在沿海地区。

（二）宗教

斯里兰卡居民中约 70. 2%奉佛教，12. 6%奉印度教，9. 7%奉伊斯兰教，7. 5%奉天主教和基督教。

九、语言和习俗

（一）语言

僧伽罗语、泰米尔语同为国家官方语言，英语为通用语言。

（二）习俗

斯里兰卡人宗教意识浓厚，宗教地位高。有许多相关的风俗禁忌，例如背对佛像拍照违反斯法律；候机厅内的白椅子为宗教人士专用，即使座位空着，普通人员亦不得占用；禁止爬骑在神像上面玩耍或拍照；一些清真寺或庙宇谢绝女性游客参观，未征得管理员同意避免擅自进入。

斯里兰卡大多数人口信仰佛教，许多习俗都与佛教有关。在斯里兰卡，佛教僧侣备受尊敬，和佛教僧侣对话时，不论是站着，还是坐着，都应设法略低于僧侣的头部，更不能用左手拿东西递给佛教僧侣和信徒。在参观佛教寺院时，不能对佛像做踩、跨、骑等无礼动作，进入寺院要赤脚，不可穿鞋和袜子，裤子长度要在膝盖以下为宜，也不可戴帽子，禁止喧哗、照相。宗教节日期间通常严禁饮酒。教徒信奉佛教“不杀生”的教义，有保护环境的传统。

值得注意的是，在斯里兰卡点头和摇头的含义与中国相反，点头表示不是，摇头则表示是。斯里兰卡人吃饭是用右手的拇指、食指、中指这三根指头拿起食物食用，饮食多含咖喱和辛辣调料。给当地人送礼物时，不要送花，吃饭和接受礼物时，都要用右手。

（三）节假日

斯里兰卡是世界上公共假日最多的国家之一。政府部门实行 5 天工作制，每周六、日休息。私营企业实行五天半工作制。职工每年可休假 14 天，可请事假 7 天，病假 21 天。除此之外，每年有公共节日和宗教节日共 25 天。

重要的节日有：

1 月中旬，泰米尔收获节，祭太阳神。

2 月 4 日，国庆节，纪念斯里兰卡独立。

3 月 1 日，湿婆神节（湿婆主毁灭，是印度教主要神祇）。

4月14日，僧伽罗和泰米尔新年，是斯里兰卡最重要节日。

5月的月圆节为卫塞节，纪念佛祖出生、悟道和涅槃。

6月的月圆节为普桑节，纪念印度阿育王之子马欣达来斯弘扬佛法。

7月的月圆节为佛牙节，斯里兰卡各地举行盛大的巡游庆典。佛牙节特指在斯中部山区佛教圣地康提举行的，以佛陀释迦牟尼的佛牙舍利为中心展开的庆祝活动。该活动持续时间约一周，成千上万的佛教徒对供奉在佛牙寺的佛牙朝拜，举行盛大的巡游活动。

波耶节，亦称月圆节，每月月圆时，国民放假一天，信佛教的善男信女成群结队前往寺庙礼拜、受戒。卫塞节、普桑节、佛牙节均是波耶节。

十、货币与物价

（一）货币兑换

斯里兰卡货币为卢比，简写 RS 或 LKR。

2024年4月10日，斯央行公布的美元兑卢比的买入牌价为：1美元=293.6852卢比，卖出牌价为：1美元=303.3335卢比；欧元兑卢比的买入牌价为：1欧元=317.3213卢比，卖出牌价为：1欧元=330.7221卢比。当地市场人民币与卢比兑换需通过兑美元的交叉汇率进行交易，目前尚不具备人民币与卢比的直兑交易。但斯央行仍每日发布人民币兑卢比的汇率，截至2024年4月10日，人民币兑卢比的买入牌价为：1人民币元=39.8070卢比，卖出牌价为1人民币元=42.4764卢比。

（二）消费水平

随着商品和服务税的开始实施，斯里兰卡 2024 年 1 月份食品通胀率从上月的 0.3%升至 3.3%。同时，该国政府也将增值税从 15%提高到 18%，并取消了对大量商品和服务的免税，进一步推高了价格。

点评：

斯里兰卡商场、超市物品标价通常为含税价格，但在餐馆用餐、酒店住宿需要额外支付增值税以及服务费。

十一、金融服务

（一）外汇管理

斯里兰卡实行外汇管制。外汇可自由兑换为斯里兰卡卢比，但斯里兰卡卢比在兑换成外汇时有一定限制。

在斯里兰卡境外注册的公司可在斯里兰卡银行开立外币账户。在境内注册的公司如有外汇收入可开立公司外币账户。外国公司或个人在斯里兰卡进行投资包括股权投资、开立公司等，外汇需汇入投资账户。利润、股利等只能通过投资资金汇入时使用的投资账户汇出，汇出时需缴纳 14%预提税，可向斯里兰卡税务局申请完税证明用于抵扣在中国的所得税。提交支持文件如发票等材料后，经常项下的国际支付例如货物、服务进口均可正常办理。

斯里兰卡央行对进口商品进行清单式管理，分为配额类、许可类、禁止类，其中配额类、许可类须取得相关部门签发配额证明或许可证方可购汇进口；同时对非必要商品进口进行限制。

从斯里兰卡出入境者均可携带合法获得的纸币、银行汇票、支票、旅行卡等形式的外汇，如所携带外汇总值超过 15000 美元或其他等值外币，须向海关进行申报；如出入境者携带超过 10000 美元或其他等值外币的现钞，须向海关进行申报。可分别带出或带入斯里兰卡货币，最高金额为 2 万卢比。

（二）银行与保险

1. 银行

斯里兰卡拥有完善的银行体系，截至 2023 年 6 月，除斯里兰卡中央银行外，还包括 24 家持牌商业银行（13 家本土商业银行，11 家外资商业银行）和 6 家持牌专业银行。

斯里兰卡中央银行成立于 1950 年，其主要职责包括：货币发行与管理，负责确保斯里兰卡核心经济目标、价格稳定及金融系统稳定，主要职能还包括：管理雇员强制公积金、管理斯里兰卡公共债务、管理外汇、管理外国和斯里兰卡政府出资的斯里兰卡地区发展信贷项目等。

斯里兰卡有 24 家持牌商业银行，本地银行 13 家，如锡兰银行、人民银行、国家发展银行、萨姆帕斯银行、商业银行、哈顿国家银行等；外资银行 11 家，如中国银行、花旗银行、渣打银行、汇丰银行、德意志银行等。

斯里兰卡有 6 家持牌专业银行，包括斯里兰卡住房发展金融公司银行、国民储蓄银行、斯里兰卡储蓄银行、Pradeshiya Sanwardhana 银行、Sanasa 发展银行、国家抵押和投资银行。

点评：

中国银行科伦坡分行是当地唯一的中资商业银行，可为中资企业提供各类综合业务服务，涵盖存款业务、贷款业务、资金汇出及汇入、国际结算及贸易融资业务等。

外国企业在斯里兰卡开立银行账户时，银行会对申请公司进行资质审查，各银行针对开户的要求略有差异，总体而言通常需要以下文件：

（1）公司出具银行可接受格式的授权书和同意开户的董事会决议；

（2）授权书和客户申请表；

（3）注册文件（例如公司注册证书、公司章程等）以及由当地律师事务所、斯里兰卡使馆认证后的董事和有权签字人的护照；

（4）银行要求的其他文件。

2. **保险**

斯里兰卡保险监管委员会是行业的监管单位。截至 2022 年，斯里兰卡总计有 28 家持牌保险公司，如斯里兰卡保险、锡兰人寿保险、友邦人寿保险、安联人寿保险等保险公司。

斯里兰卡是最早开始农业保险试验的发展中国家之一，其农业保险制度已建立逾 50 年。

（三）信用卡

世界各主要银行发行的信用卡在斯里兰卡均可使用，其中以万事达卡（Master Card）和维萨（Visa）卡最为普遍。

花旗银行、渣打银行、汇丰银行和锡兰商业银行的 ATM 机可接受中国银联卡的取款和余额查询。

（四）证券市场

斯里兰卡股票市场起步于 1896 年英殖民时代。1985 年，科伦坡证券交易所（简称科交所）成立，目前是斯主要的股票交易场所，总部位于首都科伦坡的世界贸易中心大楼，在康提、马特拉、库鲁内格勒、贾夫纳、尼甘布、阿努拉德普勒、拉特纳普拉、汉班托塔等主要城市设有分支机构。截至 2023 年 12 月 31 日，科交所上市公司 290 家，总市值 4.2 万亿卢比。

（五）融资

1. 斯里兰卡的利率水平和商业融资成本

自 2022 年经济危机以来，斯里兰卡央行维持紧缩的货币政策，以遏制经济中任何由需求驱动的通胀压力。2022 年 11 月，斯里兰卡常备存款利率（SDFR）和常备贷款利率（SLFR）分别维持在 14.50%和 15.50%的水平。

但随着经济形势缓解，斯央行进一步放松货币政策，加快向更广泛的市场利率传导，信贷需求因此而坚挺，商业和投资者情绪改善，供应条件改善以及外部需求条件预期逐步反弹，国内经济持续反弹。货币政策放松措施和政府证券风险溢价的下降，为进一步下调市场贷款利率创造了空间。

截至 2024 年 4 月 11 日，斯央行将常备存款利率（SDFR）和常备贷款利率（SLFR）分别定为 8.50%和 9.50%，目的是在中期内将通胀率维持在 5%的目标水平，同时使经济能够发挥其潜力。

2. 外国企业在当地各种银行融资的可能性及信用要求

只有在斯里兰卡投资局注册的外资企业才可在当地银行融资，但须有银行认可的母公司或第三方担保。通过国际化银行（如中国银行、渣打银行及汇丰银行等）在当地的分行进行融资，则外币融资利率相对较低，融资还款来源、担保增信措施要求相对较高；通过斯里兰卡本土银行进行融资，外币融资利率较高，卢比资金则较为充足。

3. 外国企业开具保函或转开保函的条件

保函类别主要包括投标保函、履约保函、预付款保函。当地银行还发行有利于国际金融机构的担保，使其能够代表有利于第三方的客户发行担保。

外国企业申请开具保函或转开保函，一般需要向银行提供如下资料：

(1) 办理申请（项目简介、条款约定、金额、期限、开立方式包括转开直开）；

(2) 投标许可；

(3) 翻译承诺函；

(4) 国别风险承诺函；

(5) 保函银行开立申请书；

(6) 与业主签订的项目合同文件主要页，包括：封面、项目名称、项目基本内容、业主信息、合同号、合同金额及签字页等；

(7) 关于保函约定的合同条款提取件；

(8) 合同文件中关于保函索赔方面的条款；

(9) 保函格式及项目相关信息；

(10) 银行要求的其他资料。

资料审核通过，方可办理。

4. 企业在当地投资的主要融资渠道

在斯里兰卡投资的主要融资渠道有内保外贷、当地国际银行融资、当地银行融资等。

点评：

除了在斯里兰卡融资，“走出去”企业还可以通过如下途径开展融资。

1. 在中国境内融资

中国企业在境内融资方式分为债务融资和权益融资两大类，其中，债务融资分为信贷融资和债券融资，权益融资（股权融资）分为普通股融资、优先股融资及股权互换融资。此外，跨境并购项目中，境内直贷和内保外贷也是企业境内融资的主要方式。

2. 在国际市场融资

企业在国际市场融资，可多关注权威国际金融机构提供的融资支持，同时用好在国际资本市场发行债券、上市等融资方式。

亚洲基础设施投资银行、欧洲复兴开发银行、国际金融公司等国际多边金融机构，在其业务涵盖的地区和领域往往具有明显优势和先进经验。对于符合其融资条件的项目和企业，这些机构以贷款、股权投资等方式提供融资支持，具有融资期限较长、利率相对较低、性价比较高的特点。

境外发债逐渐成为中资企业重要融资方式之一，其优点在于境外债券在产品结构上有足够的空间利用利率、汇率等方法降低融资成本。中国企业发行较多的是中资美元债。

境外上市具有门槛低、筹备上市时间短、条件明确、易于操作等特点。企业可以根据自身情况，选择在境外上市，充分利用境外资本市场，筹集企业发展所需资金，不断提高企业的国际竞争力。就上市地点而言，企业还需根据自身发展战略和市场定位以及不同证券交易所的上市要求和比较优势进行准确评估，选择适合的上市地点。

3. “一带一路”多双边合作基金

为推进“一带一路”建设、企业“走出去”和国际产能合作，中国发起设立了多支多双边合作基金，如丝路基金、中国–东盟投资合作基金、中国-中东欧投资合作基金、中国-欧亚经济合作基金、中非发展基金、中非产能合作基金、中拉合作基金等。

多双边合作基金主要以股权类投资为主，可在不增加企业债务负担的情况下，为项目建设提供长期、可靠的资金支持，契合大型项目建设周期长、资金需求量大的特点，是对信贷融资、债券融资等融资方式的有益补充。中国企业可根据项目特点及所在地区，多与对应的多双边合作基金进行对接，获得融资支持。

十二、通信与电力

（一）邮政

斯里兰卡邮政基础设施完备。根据该国邮政局2022年度报告数据，截至2022年12月底，斯境内有4135家邮政网点，几乎覆盖全境。

（二）通信

斯里兰卡国家区号为0094。从境外拨打斯里兰卡固定电话：0094+地区号（如科伦坡为11）+电话号码；拨打手机：0094+手机号码（不需另外加0）。

斯里兰卡手机拨打固定电话：0+地区号（如科伦坡为11）+电话号码；拨打手机：直接拨手机号。

从斯里兰卡拨打中国固定电话：0086+中国省市长途区号（如北京是10）+电话号码；拨打中国手机：0086+中国手机号码。

根据斯电信管理委员会数据，截至2023年底，固定电话接入总数为351.2万，普及率为15.9部/百人；移动电话用户总数2898.6万，普及率为131.5部/百人；固定宽带用户为255.7万人，移动宽带用户为2030.7万人。截至2023年底，境内有亚通集团斯里兰卡子公司(Dialog Axiata)、印度巴帝电信（Bharti Airtel)、塔塔集团电信子公司(TATA Communications）等6家国际电信运营商。

斯里兰卡政府和其他主要利益相关机构继续致力于加强数字基础设施建设，以促进该国经济的数字化转型。斯里兰卡电信管理委员会正在努力加强全岛的4G覆盖，以确保通过“农村社区通信”（Gamata Sanniwedanaya）项目在全国范围内无缝接入数字服务。虽然最初的计划是在2021—2024年期间在10个地区建立276个塔台站点，但主要由于经济压力，该项目重新安排到2026年完成。在该项目下，有38个塔台已于2022年底完工并投入使用。

随着2022年3月《个人数据保护法》（2022年第9号）的颁布，斯里兰卡成为第一个颁布全面数据保护立法的南亚国家。

（三）媒体

1. 通讯社

兰卡通讯社是1978年由几家报业公司联合创办的半官方新闻机构。该社聘请记者采写国内新闻，国际新闻多采自路透社、法新社、德新社等外国新闻社的稿件。

2. 电视媒体

斯里兰卡有2家国营电视台和多家私营电视台。

（1）国营电视台。国家电视台旗下有含国家电视台（Rupavahini）频道在内的3个频道。斯里兰卡电视公司于1981年落成，1982年开播，是斯最大的电视台，每天用英、僧、泰3种语言播出。全国覆盖率为90%，主要采用商业运作方式运营。

独立电视台旗下有独立电视新闻频道（ITN Channel）及新传媒春

天频道（Vasabtham TV）2 个频道。1979 年 4 月由私人创立，同年 6 月被政府接管，覆盖率为 70%。

上述两家国营电视台均由政府财政支持。

（2）私营电视台。斯里兰卡目前有多家私营电视台，比较有代表性的有地球电视台（TV Derana）、希鲁电视台（Hiru TV）、MTV 电视台等。受众较广，播放少量自制节目、商业广告，主要转播英国广播公司（BBC）和美国有线电视新闻网（CNN）等电视节目。

3. 广播媒体

斯里兰卡广播公司享有半独立性国营企业地位。下设僧伽罗语、泰米尔语和英语 3 个广播部。斯里兰卡广播公司在全国设有 11 座转播台。1996 年 11 月，投资建成“兰卡之音”广播电台，是以讲僧伽罗语的广大听众为服务对象的综合性广播电台。

4. 报纸媒体

斯里兰卡有报刊 200 余种，报业系统 4 个。

（1）锡兰联合报业公司。1918 年创办，1973 年 7 月由政府接管。出版 5 种日报、3 种星期日日报和 10 多种周刊。《每日新闻》是斯最大的英文日报。《每日太阳报》是最大的僧伽罗文日报。

（2）乌帕里集团报业公司。1981 年 11 月创办，出版日报、星期日日报、周刊各 2 种。主要报刊《岛报》为英文日报，与之相对应的僧伽罗文日报发行量也很大。

（3）维贾亚报业公司。1990 年创办，主要报刊有僧伽罗文日报《兰卡之光》、英文《每日镜报》和《星期日时报》，其中《兰卡之光》和《每日镜报》分别是发行量最大的僧伽罗文日报和英文日报。

（4）快快报业公司。1930 年创办，私营性质。出版泰米尔文报刊，《雄狮报》为最大的泰米尔文日报。

点评：

斯里兰卡媒体对华报道一般是较为具体地报道动态信息，部分斯学者关于中国的评论性报道也会刊发。斯媒体有不同立场和背景，总体看，对华报道随意性强，准确性、客观性、中立性不够，个别涉华舆论易受操纵。

（四）电力

斯里兰卡全国电力覆盖率达到99%，是南亚地区中首个实现7×24h全天候稳定供电的国家。2021年9月，前总统戈塔巴雅在联合国能源高级别对话中发表演讲称：斯里兰卡计划在2050年实现碳中和；计划在2030年实现70%能源由可再生能源提供；停止发展煤电，不鼓励进口燃油车辆，鼓励进口电动车辆；呼吁所有国家支持发展向可再生能源转变；鼓励中小企业来斯投资发展7000个小规模太阳能项目；欢迎可再生能源领域大型投资，特别是太阳能、风能及生物能。

2022年，斯总发电量为15942GW·h，同比下降4.6%。具体见表2-7。

表2-7　2021—2022年斯里兰卡装机容量和发电量

项目	2021年	2022年	增长率（%）	
			2021年	2022年
装机容量（MW）	4186	4084	-1.9	-2.4
水电	1383	1413	—	2.2
燃油	1087	924	-14.3	-15.0
燃煤	900	900	—	—
其他可再生能源	817	847	14.3	3.7
发电量（GW·h）	16716	15942	6.4	-4.6

续 表

项目	2021 年	2022 年	增长率（%）	
			2021 年	2022 年
水电	5640	5364	44. 2	-4. 9
燃油	2634	2467	-37. 0	-6. 3
燃煤	5519	5174	-4. 1	-6. 3
其他可再生能源	2922	2937	56. 6	0. 5

资料来源：斯里兰卡央行 2022 年报告。

十三、医疗与安全

（一）医疗

1. 医疗概况

斯里兰卡的医疗条件在南亚地区相对较好，卫生部下设卫生局和锡兰医药局（负责管理斯里兰卡传统医学），在全国有较为完善的卫生保健网。

斯里兰卡实行免费医疗已有 50 多年的历史，免费医疗限于在公立医疗机构就医，免费范围包括病人的门诊、住院、医药、膳食、手术、输血等。根据斯里兰卡卫生部数据，截至 2022 年中，斯全国共有医疗机构 1500 多家，其中医院 588 家，初级医疗机构 517 家，此外还有 335 个卫生部办事处。这些机构向全社会提供治疗、预防和康复服务。所有公民和居民均可在当地医疗中心登记接受治疗，必要时可转诊至二级医疗机构。

2. 医疗保险

斯里兰卡的公立医院为本国居民和持有长期居留签证的外国公民

提供免费就诊服务（一些特殊重大疾病的治疗除外）。一般而言，雇主也会为雇员购买私人医疗保险，个人也可根据具体需求选择合适的私人医疗保险产品。

建议在斯里兰卡长期居留的外国公民购买包含紧急医疗服务和覆盖私立医疗机构就诊费用的国际医疗保险。斯里兰卡主要的国际私人医疗保险公司有信诺环球与安联等。

此外，如在斯里兰卡进行短暂停留可考虑购买旅行意外保险。

点评：

相比发达经济体，斯里兰卡的保险渗透率不高，建议赴斯里兰卡中国公民除了购买医疗保险，也可根据实际需求购买人身意外险、寿险、车险、火灾险等。

3. 就医与买药

斯里兰卡医院和卫生保健诊所等医疗机构较为普及，患者可直接前往附近的医院或诊所就医。但由于公立医院就诊人数多，等待时间长，建议外国公民首选到私立医院就诊。

费用方面，国家公共医疗保险覆盖了在公立医疗机构的就诊费用。私立机构的医疗费用因病情和机构而异，其中挂号和普通咨询费用一般为 100~500 卢比。

此外，登革热是斯里兰卡常见的流行病，主要通过蚊虫叮咬传播。外出可随身携带防蚊药物。如出现发烧、肌肉关节痛等症状，须及时就诊。

点评：

如遇紧急状况，可拨打斯里兰卡 24 小时紧急救助服务电话 110。

斯里兰卡药店遍布城乡，大城市有 24 小时营业的药房，患者可凭医生处方前往药店买药。外国公民的药物费不包含在公费医疗保险范围内，需自付。

（二）安全

1. 治安

斯里兰卡内战结束后社会趋于稳定，安全形势有所好转。目前，斯里兰卡整体政治局势相对平稳，但小规模的政治冲突、示威游行时有发生，局部地区枪击、偷盗等社会治安事件时有发生。

（1）恐怖袭击。2019 年 4 月 21 日，西方传统复活节当天上午，在斯里兰卡 3 个城市的多处教堂、五星级酒店共发生了 8 起连环自杀式爆炸袭击，253 人丧生，遇难者中有 6 名中国公民。政府表示当地宗教极端组织 NTJ 组织了此次袭击。极端组织“伊斯兰国”宣称对斯里兰卡爆炸案负责。事发后，该国政府宣布全国进入紧急状态，迅速采取措施，抓捕涉案人员、封禁极端组织。此后，全国社会治安总体稳定，未发生恐袭事件。

（2）骚乱事件。2022 年以来，因新冠疫情、政府经济政策失当、乌克兰问题等内外多重因素，斯里兰卡陷入独立以来最严重经济危机，外汇储备枯竭，燃油、粮食、药品等必需品严重短缺。4 月起，斯里兰卡多地发生大规模抗议游行示威活动。5 月初，政府支持者和示威者发生冲突，进而发生暴力和纵火等骚乱事件，造成超过 20 人死亡，数百人受伤，执政党人民阵线党数十名部长和议员房屋被焚，公交等公共设施被毁等。7 月 9 日，大规模游行示威抗议者占领总统府秘书处和总理府，随后前总统出逃海外并辞职，新总统、总理就职并组建临时内阁。当前局势相对稳定。

（3）犯罪案件。斯里兰卡警方数据显示，经济危机之下斯里兰卡整体犯罪率上升。2022 年，斯里兰卡政治经济形势恶化，整体犯罪率上升，全年全国共发生凶杀案 563 起，强奸案 2498 起，盗窃案 3299 起，抢劫车辆案 1954 起，勒索案 962 起，涉毒品案件 156 起。斯里兰卡有合法赌场，但一些不法分子混迹于此，主动套近乎借钱，最后利用威胁、暴力等手段，迫使受骗者陷入高利贷深渊。此外，涉牲畜和其他财产盗窃案数量均有所上涨。

2022 年斯里兰卡未发生针对中国企业或公民的恐怖袭击或绑架事件。

（4）枪支管理。在斯里兰卡，只有持证的枪支所有者可以合法获得、持有或转让枪支及弹药，且所有记录应保留在官方登记册内。

2. 自然灾害

斯里兰卡属热带季风气候，除山地外，终年炎热。西南季风将雨带入斯里兰卡西南部，东北季风将雨带入东北部，各地年平均降水量 1283~3321 毫米。暴雨、水灾、泥石流等自然灾害频发，雨季还存在雷电伤害风险。建议在斯中国公民在出行前注意当地天气预报，雨季避免前往山区及可能遭受洪灾的地区。

3. 卫生安全

斯里兰卡植被茂密，蚊蝇防控较为困难。蚊子传播的急性病毒性传染病登革热时有发生。其典型症状是发烧、头痛和关节痛等，登革热分为普通登革热和出血登革热，后者死亡率较高，斯里兰卡境内每年都有百人因登革热死亡。

斯里兰卡的自来水未达到世界卫生组织规定标准，建议过滤、烧开后饮用，或饮用瓶装水。

Chapter 3

第三章

前往斯里兰卡手续办理及相关须知

一、签证类型

斯里兰卡签证分为短期访问签证和长期居留签证两类。其中，短期访问签证包括旅游和商务访问签证，长期居留签证主要有工作居留签证、投资签证及探亲签证等（见表 3-1）。

中国公民持因私普通护照赴斯里兰卡短期旅游、短期商务访问或过境，只需申请电子旅行许可（ETA）。持 ETA 入境时，将在斯口岸获发停留期不超过 30 天的短期访问签证，或停留不超过 2 天的过境签证。如需延期，入境后再向斯移民局提出申请。

表 3-1　斯里兰卡主要签证类别

<table>
<tr><th>签证类别</th><th colspan="2">适用情况</th><th>有效期</th></tr>
<tr><td rowspan="2">短期访问签证</td><td>旅游访问签证</td><td>适用于短期前往斯里兰卡旅行观光或访友的外国公民。</td><td rowspan="2">不超过 6 个月。</td></tr>
<tr><td>商务访问签证</td><td>适用于短期在斯进行商务活动（包括参会、短期培训等）的外国公民。</td></tr>
<tr><td rowspan="3">长期居留签证（由在斯公司或担保人代办）</td><td>工作居留签证</td><td>适用于赴斯工作的外国公民、志愿者、非政府组织人员等。</td><td rowspan="3">一般为 1 年，可每年延期一次（申请人持临时签证入境，入境后办理居留签证）。</td></tr>
<tr><td>投资签证</td><td>适用于在斯从事商业活动或投资行为的外国公民。</td></tr>
<tr><td>探亲签证</td><td>适用于在斯居民的家庭成员，包括配偶和有外国国籍的儿童。</td></tr>
</table>

资料来源：斯里兰卡移民局。

二、短期访问签证

1. ETA 电子签证申请流程

（1）登录 ETA 网站（www. srilankaevisa. lk）（有中文服务），在线填写申请表，并提交审核。审核周期一般为 3 个工作日。

（2）审核批准后，申请人获得电子版 ETA 批准函（入境时须出示 ETA 复印件）。

（3）若申请人收到转办通知，可根据通知内容联系斯里兰卡驻中国大使馆（简称斯驻华使馆）后再前往使馆办理签证。

2. 斯驻华使馆签证受理及发放时间

受理时间：上午 9：30 至 11：00（周一至周五）。

发放签证时间：下午 4：00 至 4：30（周一至周五）。

3. 持 ETA 签证入境时所需的其他材料

（1）往返机票或联程机票；

（2）酒店预订单；

（3）资金证明（能够确保在斯期间每天最低 50 美元的生活费）；

（4）护照（有效期不少于 6 个月）。

三、长期居留签证

斯里兰卡居留签证为长期在斯工作、生活和家庭团聚等类型的签证申请者所设立。要获得居留签证，申请人须持斯驻华使馆签发的临时入境签证进入斯里兰卡。入境后持有关材料前往斯里兰卡移民局申请办理居留签证。

1. 临时入境签证申请流程

（1）登录斯移民局网站在线填写申请表，并打印；

（2）由在斯担保人将申请表及其他必要材料提交到移民局审核；

（3）移民局签发入境签证批准通知书；

（4）申请人将入境签证批准通知书及有关材料（包括护照、雇佣合同、邀请函等）递交至斯驻华使馆；

（5）斯驻华使馆签发临时入境签证。

2. 申请居留签证所需材料

2021 年 8 月，斯里兰卡移民局发布公告，无有效签证的外国公民，除需缴纳签证费外，还将被处以 500 美元罚款。在斯里兰卡投资、工作、学习人员可向斯移民局申请居留签证，该签证有效期通常为一年，可逐年续签，费用每次 200 美元（斯籍人员配偶和受抚养子女免费）。

根据申请签证类型不同，办理所需材料略有区别。

点评：

自 2019 年 6 月 3 日起，所有居留签证申请人都必须接受斯里兰卡卫生部出台的健康保护计划。如计划在斯里兰卡长期居留，需要在入境后 7 天内申请健康保护计划，首先要在斯卫生部网站预约体检，再携带预约号、护照原件和复印件提前半小时到入境健康检查中心接受结核病、疟疾、艾滋病和丝虫病等 4 种疾病的筛查，并缴纳相当于 75 美元的斯里兰卡卢比现金。然后向移民局提交居留签证（新/续签）申请，移民局将为通过健康评估的人签发有效期一年居留签证。每次续签居留签证均需进行体检。持有外交护照的申请人及其家属和斯里兰卡移民局规定的其他情形可以免于接受该计划。

四、出入境相关规定

（一）入境规定

入境斯里兰卡前需在线填写入境登记卡，持有效护照、签证（或ETA），经移民局官员查验，盖入境章后放行。即便持有签证（或ETA），移民官员仍有可能要求出示返程（或续程）机票、酒店预订单、足够的现金（确保在斯里兰卡期间每天最低50美元生活费）或就职文件等相关证明材料，亦有可能拒绝入境。

18岁以上旅客可携带的免税入境物品：2瓶红酒、1.5升的烈酒、少量香水、低于250毫升的淡香水、服装、化妆品等个人物品，非商业用途的价值不超过250美元的纪念品。

禁止入境物品清单：毒品和麻醉剂、色情淫秽资料、任何有辱宗教信仰的材料。

限制入境物品清单：武器、弹药、炸药，植物、水果、鸟类及相关产品，药品（个人用途的除外），销售用商品（样品除外）。

行李要求：按规定申报携带的货币、贵重物品及珠宝；若没有需申报物品，可走绿色通道；行李内不得包括他人物品、大量商品、禁止入境物品、限制入境物品、毒品、武器、炸药和黄金；离开斯里兰卡时须将所有个人物品带回。

在持有证明文件或银行担保函，或缴纳与进口关税等值押金（可退回）的条件下允许摄影、摄像设备入境。

点评：

斯里兰卡对香烟入境控制非常严格，只有斯里兰卡政府授权企业才能进口，个人禁止携带香烟入境，否则如被查获，按“支”以走私罪论处。近年来，斯方加大查处力度，有人因持有数支非当地市场出售的香烟被拘捕并被法院判决。强烈建议烟民如确有需要时可购买当地香烟。抵达斯里兰卡时须申报贵重物品，以确保离境时免税携带这些贵重物品出境。

（二）出境规定

1. 允许携带出境的物品清单

自用物品；入境时申报过并带进斯里兰卡的物品、用入境时申报过的资金在斯购买的珠宝首饰等物品、10 千克以内的斯里兰卡免税茶叶、入境时申报过并带进斯里兰卡的外国货币。离境时需将未用完的斯里兰卡货币兑换成外国货币。禁止携带未经申报且超出个人需要的金银珠宝出境。

2. 禁止出境物品清单

毒品和麻醉剂；色情淫秽资料；任何有辱宗教信仰的材料；入境时未申报的珠宝首饰等贵重物品，以及不是用入境时申报过的资金在斯购买的珠宝首饰等物品；黄金（天然黄金、金条、金币）；茶树、橡胶树和椰子树。

3. 限制出境物品清单

武器、弹药、炸药；植物、动物及相关产品（活体或尸体），包括水果、鸟类、爬行动物等；古董，佛像、宝藏、古籍等；药品（个人用途的除外）；销售用商品（样品除外）；超出入境申报额的所有货币；超过 2 万卢比的斯里兰卡现钞。

五、斯里兰卡紧急求助联系方式

中资企业及公民在斯里兰卡如遇突发状况，或遇有语言不通等特殊情况，应尽快通过各种联系方式与中国使馆领事部门取得联系，告知所遇困难及地理信息，以便尽快解决。

在中资企业间、华人内部发生的纠纷，应尽量内部协商解决，避免矛盾扩大，如需通过法律途径解决纠纷，可通过国内有关单位进行。

如遇恐怖袭击、绑架、抢劫等恶性治安事件，请及时报警，并与中国驻斯里兰卡大使馆和工作单位取得联系。

在紧急情况下，可以按需拨打以下号码和联系相关部门：

· 警察（全国）：119，118。

· 警察（科伦坡）：0094-11-2433333。

· 紧急救援服务（如火灾等）（全国）：110。

· 火警（科伦坡）：0094-11-2422222。

· 医疗急救：0094-11-2691111（急救）。

· 中国驻斯里兰卡大使馆电话：+94-11-2676658。

Chapter 4

第四章

斯里兰卡有关法律规定

一、斯里兰卡法律体系概述

（一）法律体系概况

斯里兰卡法律体系汲取了英国普通法、罗马-荷兰法、习惯法、僧伽罗法和穆斯林法等相关内容。斯里兰卡司法制度是普通法和大陆法的复杂混合，但主要还是基于英国普通法。

《宪法》是斯里兰卡的最高法律，最高立法机关制定的立法是最重要的法律渊源之一。从属立法，也被称为授权立法，由某些机构或当局颁布，该机构或当局被主要立法授权颁布此类附属立法，如部长和政府官员根据主要立法颁布的规则、条例和命令以及地方当局颁布的细则。另外，斯里兰卡的法律制度受到英国法律的影响，坚持遵循先例原则，法院受先前判决中确立的原则的约束，因此司法判例也是重要的法律渊源。在斯里兰卡，习俗和惯例也构成国家法律。

（二）司法机构

斯里兰卡的司法机构由三部分组成：一是法院；二是司法部，负责司法行政工作；三是司法委员会，负责法院人事和纪律检查。

宪法将法院界定为一个独立机构，提供传统的制衡框架。法院系统基本垂直，包括最高法院、上诉法院、高级法院和地方法院等，其法院体系与英格兰及威尔士的法院体系类似。在这一体系中，纳入了处理伊斯兰法的专门法院、劳资法庭、军事法庭和其他履行准司法性质职能的法庭。

最高法院负责记录最高司法案件，并拥有行使权力职能，但须符合宪法规定。斯里兰卡最高法院在宪法事项上具有最终上诉管辖权，并优先于所有下级法院。

上诉法院是斯里兰卡法律制度中第二高级法院，只有斯里兰卡最高法院在其上。斯里兰卡上诉法院有权审理高级法院或任何下级法院上诉，而其本身的决定可以另外向最高法院提出上诉。

每个省都有一个高级民事上诉法院，对地区法院的上诉行使民事管辖权。设立这些法院的具体目标是加快地区法院的民事上诉。每个省还有一个省高级法院，对强奸、谋杀等严重刑事犯罪拥有原始刑事管辖权。省高级法院对治安法院和劳资法庭的上诉行使上诉管辖权。

相关省份的商业高级法院有权审理债务、损害或索赔超过 500 万卢比的商业纠纷有关的民事诉讼。迄今为止只有西部省有商业高级法院，因此，在其他省份产生的该种大额商业纠纷需要提交相关地区法院。商业高级法院还对审理部分案件拥有专属管辖权。

地方法院是民事法院制度下的初审法院，对所有民事收入、信托、婚姻、破产和遗嘱事务以及债务、损害或索赔低于 20 万卢比的商业交易拥有管辖权。

二、在斯里兰卡投资注册企业需要办理的手续

（一）主管部门

斯里兰卡政府规定，外国企业或个人在斯里兰卡开展经营活动，须事先向斯里兰卡投资局申请，投资局审批通过后方可在公司登记处办理注册手续。斯里兰卡投资局负责确保申请者从事本国规定的禁止外商投资以外的经营活动。

（二）设立企业的形式

外国投资者在斯里兰卡成立或参与成立公司时，与国内企业享有同等的地位、权利和义务。根据斯里兰卡《公司法》（2007 年第 7 号）及其修订条款，外国公司设立实体的主要形式有：有限责任公司、公共有限公司、离岸公司、合资公司、分支机构、代表处等。有限责任公司是外国公司设立实体的首选。

1. 有限责任公司

有限责任公司是由 1~50 个自然人/法人成立的公司。在斯里兰卡设立有限责任公司没有最低股本要求，但需要至少 1 名董事。

2. 公共有限公司

公共有限公司至少由 7 名股东和 2 名董事组成。公共有限公司可邀请认购其股票或债券和其他证券，在证券交易所上市。

3. 离岸公司

离岸公司指为在斯里兰卡境外开展业务，而在斯里兰卡境内或境外注册的公司。离岸公司不能在斯里兰卡境内开展业务。

4. 合资公司

合资企业是两个或两个以上公司之间的商业伙伴关系。外国合伙人最多可持有 49%的股份，其余（51%）股份将由斯里兰卡籍的股东拥有。此类公司在出口导向型行业和领域较为常见。

5. 分支机构

外国公司和个体工商户可以在斯里兰卡境内设立分支机构以从事商业活动。分支机构以母公司名义开展商业活动，可以自有名称经营，但必须注明分支机构身份、从事活动和地点，以及母公司信息。

6. 代表处

代表处不具备独立法人资格，仅代表母公司开展市场调查等辅助或准备性活动，不能从事实质性商业活动。

（三）注册企业的主要程序

外国企业在斯里兰卡设立实体的流程见表 4-1。

表 4-1 在斯里兰卡设立实体基本流程

序号	具体流程
1	向斯里兰卡投资局申请。
2	在公司登记处进行名称核准。
3	任命 1 名斯里兰卡籍的秘书。
4	在公司登记处注册公司地址。
5	在公司登记处领取表格，填写申请。
6	向公司登记处提交公司章程。
7	在公司注册后 60 个工作日内，在以僧伽罗语、英语和泰米尔语发行的日报上刊登公告，通知公众，公告应具体说明公司名称、公司注册编号以及公司注册地址。
8	开设公司银行账户，并进行税务登记。

资料来源：斯里兰卡《公司法》（2007 年第 7 号）及其修订条款。

三、斯里兰卡对外国投资的市场准入

（一）投资主管部门及相关法规

斯里兰卡投资局是斯里兰卡政府主管外国投资的部门，主要职责是负责核查、审批外国投资，促进和推动外国企业或者政府在斯里兰卡投资。

《斯里兰卡投资局法案》（1978 年第 4 号）及其修订条款和细则是

该国监管外国投资的主要法律。斯里兰卡现行法律中涉及外国投资的法律还包括：《公司法》（2007年第7号）及其修订条款、《交易管制法令》（1953年第24号）及其修订条款和细则、《战略开发项目法》（2008年第14号）及其修订条款、《金融法》（2012年第12号）的第四部分（商业枢纽运营细则）、《税务法》（2017年第24号）、《外汇交易法》（2017年第12号）、《证券交易法》（1987年第36号，2003年修订）和《收购兼并法》（1995年，2003年修订）等。

斯里兰卡《宪法》规定私人和外国投资不容侵犯，第157条规定：

（1）保护外国投资不被国有化；

（2）必要时可对外国投资实施国有化，但将给予及时和足额的赔偿；

（3）确保投资和利润的自由汇出；

（4）可通过《关于解决国家与他国国民之间投资争端公约》（《ICSID公约》）处理争端。

（二）投资行业的规定

1. 投资法规主要内容

斯里兰卡对外国投资开放度较高，除部分禁止和限制外国投资的行业外，大多数行业对外资开放。《斯里兰卡投资局法案》（1978年第4号）及其修订条款和细则规定了允许和禁止外国投资的行业类别。

2. 投资行业限制

法律规定的禁止外国投资的行业有典当业、投资额低于500万美元的零售业和近海渔业。

限制投资的行业分为需投资局或有关部门审批的行业以及限制持股比例的行业。

（1）需投资局或有关部门审批的行业见表4-2。

表4-2 需投资局或有关部门审批的行业

序号	行 业
1	航空运输
2	沿海船运（由斯交通运输部批准）
3	军工（包括制造武器、弹药、爆炸物、军用机车飞机，以及其他军事设备等）
4	生产生化制品（包括生产毒药、麻醉剂、酒精等危险有害物质）
5	货币制造（包括硬币）
6	大规模机械化开采宝石
7	博彩

资料来源：斯里兰卡投资局。

（2）部分行业外资持股比例不得超过40%，超出该限制，须提交投资局批准，具体行业类别见表4-3。

表4-3 需投资局或有关部门审批的行业

序号	行 业
1	生产受国际出口限制的斯里兰卡产品
2	种植和加工茶叶、橡胶、椰子、可可、水稻、糖及香料
3	开采和加工不可再生资源
4	以斯境内木材为原料的木材加工业
5	深海渔业
6	大众传媒
7	教育
8	货运代理及船务代理
9	旅行社

资料来源：斯里兰卡投资局。

斯里兰卡鼓励外国投资的行业包括制造业（包括高附加值、高科技产业等）、高附加值服装制造业（限纺织品、纳米产品）、信息技术产业、物流业、旅游和娱乐业、食品加工业、教育（尤其是幼儿教育及高等教育）、大型基础设施建设等。

3. 外资参与当地能矿资源类投资合作的法规

斯里兰卡政府重视对矿产资源的保护，对矿产资源开发有严格规定。根据《矿业法案》（1992 年第 33 号，2019 年修订），如开发矿产资源，需地质勘探及矿业局签发的三种类型的许可证，即勘探、采矿、贸易和运输许可证。

4. 外资参与当地农业投资合作的规定

外资参与当地农业投资合作须遵循相关外资获得土地的规定。若租借的土地位于投资局管辖区、工业区或旅游区内，需按租金总额缴纳 7.5%的土地特许使用税。位于上述区域外的土地租借者，除缴纳印花税外，需按租金总额缴纳 15%的土地税。对于在斯连续从事生产经营 10 年以上的公司可免除上述土地税。

此外，斯里兰卡《农业发展法令》（2000 年第 46 号）对稻田承包经营进行了限定。投资者可以承租者的身份向稻田土地所有者表达承包经营意愿，并向农业发展委员会进行申请，后者将限定承包经营年限。

5. 外资参与当地林业投资合作的规定

外资参与当地林业投资合作须遵循相关外资获得土地的规定。税率政策同前述“外资参与当地农业投资合作的规定”。

6. 当地金融业投资准入相关法规

根据斯里兰卡央行 2018 年 4 月颁布的关于在斯里兰卡开设银行的《指导准则》，外国银行在当地设立分支机构由斯里兰卡货币委员会审批，并须满足以下条件：

（1）出具外国银行所在国家的银行业监管机构批准成立分支机构的许可；

（2）注入至少100亿卢比的资本金；

（3）满足雇员比例要求（雇员规模小于75人、75~400人或超过400人，分别允许最多雇佣3、5、10名非斯籍员工）；

（4）外国银行需为国企或经所在国政府批准在证券交易所上市；

（5）满足斯对当地银行的资本充足率、流动性比率、单一客户集中度、存款准备金比率等一般性监管要求。

对于投资持有本地已成立银行的股份，该《指导准则》规定，任何公司、注册机构或个人持有股份比例不能超过银行具有表决权的已发行股本的10%（对于商业银行的持股比例不超过15%），可按一事一议履行货币委员会审批，提升至不超过15%。此外，斯央行还颁布了注册成立非银行金融机构及金融租赁公司的《指导准则》，对申请成立非银行金融机构无具体限制；对申请成立金融租赁公司，银行和非银行金融机构直接具备资质，而一般公司则需具备至少7500万卢比的注册资本。

斯里兰卡属于外汇管制国家，除了部分商业银行被允许在特设的外汇银行业务部门开展外汇交易无须取得外汇管理部门审批，其他商业银行业务都需取得斯央行外汇管制部门的批准。外汇投资必须开立汇入投资账户来汇转资金。

7. 对文化领域投资的规定

根据投资局的划分，文化领域投资属于投资领域中的旅游和休闲类，根据投资规模，适用不同的政策和税收优惠。

（三）投资方式的规定

1. 外商投资方式

斯里兰卡政府对外国投资方式没有任何限制，目前鼓励外国企业或自然人在斯设立代表处、分公司、子公司、有限责任公司等，鼓励以 BOT（建设-经营-移交）、PPP（政府和社会资本合作）等方式参与当地的基础设施建设，参与除部分限制领域外的任何产业投资。

2. 兼并收购规定

（1）主管部门。斯里兰卡监管兼并收购的主要部门有公司登记处、科伦坡证券交易所、斯里兰卡证券交易委员会、斯里兰卡投资局、消费者事务管理局等。

根据交易类型和形式，相应的监管部门也有所区别，如公用事业、电信、银行和保险，分别受各自监管机构即斯里兰卡公用事业委员会、信息与通信技术局、斯里兰卡中央银行的监管。

（2）相关法律法规。斯里兰卡规范兼并收购活动的主要法律包括《公司法》（2007 年第 7 号）、《收购兼并法》（1995 年，2003 年修订）和《竞争法》（1987 年第 1 号）。

（3）交易申报。通常情况下，在斯里兰卡进行兼并收购活动需要进行交易申报，包括上市公司要约收购和满足一定市场集中条件的控制权收购。

上市公司要约收购。对斯里兰卡上市公司的收购，如果出现下列任一情形，收购方有义务向科伦坡证券交易所申报：

一是将不受任何先决条件约束的要约通知受要约人董事会。

二是在获得股份后立即提出要约，使得受要约公司成为谣言和投机的对象，给其股价造成负面影响。

三是由于要约人的潜在行为，在提出要约之前，受要约公司成为谣言和投机的对象，给其股价造成负面影响。

四是与要约有关的谈判将扩展到有关公司及其直接顾问以外的人。

五是如果收购者持有或合计持有公司30%或以上的股份，或者公司董事会正在寻找潜在要约人，并且公司成为谣言和投机的对象，导致其股价出现不利变动；或者接触的潜在购买者或要约者的数量增加，超过限制数量。

涉及以上情况的相关上市公司需要及时在僧伽罗语、泰米尔语和英语的日报上发布公告。此外，上市公司必须将该公告（或载明该公告内容的通告）的副本送交上市公司的每位股东。同时，上市公司需要向科伦坡证券交易所和斯里兰卡证券交易委员会进行申报。如果科伦坡证券交易所确定上市公司违反了规定，必须建议斯里兰卡证券交易委员会对上市公司采取行动。斯里兰卡证券交易委员会将酌情作出决定，要么采取适当行动实施这些建议，要么进一步调查此事。

满足一定市场集中条件的兼并收购。如果兼并收购导致公司控制权发生转移，且符合一定市场集中条件，需要在拟议兼并收购前至少30天以书面形式向消费者事务管理局申报。消费者事务管理局应在21天内将其决定传达给该当事方，说明其不反对拟议的兼并收购，或在对此事进行调查后传达其决定。需要进行申报的两种情形为：第一，兼并收购活动的收购方或合并后的公司处于或可能处于控制或支配商品或服务市场的位置；第二，兼并收购活动显著增强收购方或合并后的公司控制或支配市场的权力。

四、斯里兰卡对外国投资的优惠

（一）外资优惠政策

斯里兰卡主要通过关税和税收杠杆吸引外国投资。依据投资的规模、产品出口比例、就业人数和投资领域，给予外资企业不同程度的关税和税收优惠（具体见表4-4）。优惠期一般为4~25年，投资局根据项目情况决定实际优惠期限。

表4-4 税收豁免政策

类别	内容
企业所得税豁免	（1）投资农业耕作、信息技术服务、出口服务的外国企业。 （2）斯里兰卡企业来源于境外的外币收益。
预提税豁免	（1）居民企业支付给非居民企业的股息。 （2）投资额超过10亿美元的外国企业的外籍雇员（人数不超过20人）的工资收入。
港口和机场发展税豁免（属于进口税，不适用于当地制造的产品货物等）	（1）投资额超过5000万美元的外国投资项目，在项目开发至商业运营开始之前，企业进口的任何项目相关货物。 （2）在项目周期内，对于任何出口型项目的原材料进口。
关税豁免	在项目实施期间，外国企业进口的货物（包括设备、机械等）。

资料来源：斯里兰卡投资局。

此外，斯里兰卡根据企业投资资产总额（不包括无形资产），给予不同比例的加计扣除优惠，具体见表4-5。

表 4-5 企业投资加计扣除优惠

投资地区	投资额（美元）	加计扣除比例（%）	加计期限（年）
北部省份	超过 300 万	200	25
北部省以外地区	300 万～1 亿	100	10
	超过 1 亿	150	10

资料来源：斯里兰卡投资局。

（二）特殊经济区域规定

1. 经济特区法规

斯里兰卡鼓励外国投资，积极营造有利于投资的政策环境，鼓励发展出口加工业，建立多个出口加工区。投资机会覆盖医药、高附加值服装、电子和家电、信息通信技术、橡胶相关产业、农业和食品加工、酒店和旅游业、基础设施建设等。

依据斯里兰卡投资局颁布的法案，外国投资者在工业园区投资可享受以下优惠政策：

（1）斯里兰卡《宪法》保障投资者的权益不因政府的改变而改变，不实施国有化。

（2）出口产品可享受 5 年的免税政策，5 年后如经营状况不佳，仍可继续享受免税。

（3）工业园将提供一站式服务，提高办证效率，为企业提供就业、能源、租地等方面的信息支持，还将帮助投资者清关。

（4）允许利润自由汇出。

但需注意，园区会对入园企业提出一些运营效率、出口比例、营业利润、缴纳税收、创造就业等方面指标要求，以确保园区土地和优惠政策得到高效利用，投资者与投资局和拟入工业园谈判时要格外注意上述相关条款，减小投资风险。

2. 经济特区介绍

根据斯里兰卡投资局网站信息，截至2024年4月19日，投资局共管辖已建立的12个出口加工区（EPZ）、1个出口加工园（EPP）、1个工业区（IZ）和1个产业园（IP），具体见表4-6。主要涉及产业包括纺织、成衣制造、橡胶制品、电子零配件、食品加工、化学制品、木材加工等。

表4-6　斯里兰卡经济特区概况

出口加工区	总面积（英亩）[1]	距科伦坡距离（公里）
卡图纳亚克（EPZ）	332.27	29
比亚伽马（EPZ）	450.95	24
科加拉（EPZ）	227	133
西萨瓦卡（EPZ）	431	50
霍拉纳（EPZ）	391	55
马瓦塔加马（EPZ）	53	103
米利伽玛（EPZ）	261	65
米里贾维拉（EPZ）	565	233
瓦图皮蒂瓦拉（EPZ）	123	42
波尔加哈韦拉（EPZ）	65	77
宾里克亚（EPZ）	157.83	81
埃拉武（EPZ）	255.28	312
马尔瓦特（EPP）	31.3	38
阿拉博卡（IZ）	200	255
康提（IP）	200.16	133

资料来源：斯里兰卡投资局。

[1] 1英亩≈4047平方米。

五、斯里兰卡关于贸易的法律规定

（一）贸易主管部门

出口发展局是斯里兰卡专门负责促进和推动外贸出口的政府机构；外部资源局是负责外国融资和援助协调及执行的政府机构；商务司协助制定贸易政策并监督政策的执行；进出口管理局根据进出口管理规定，对货物和服务的进出口进行管理，同时协调在许可制度下的商品进出口流程；斯里兰卡海关负责征收进出口关税，便利商品进出境，监测和侦办偷逃关税以及毒品走私，杜绝限制商品的进出口，进行进出口贸易统计等；斯里兰卡标准局负责进出口商品质量标准的认定和制定；工业发展局、农产品出口局、茶叶局、椰子发展局等负责相关领域货物的出口或保护。

斯里兰卡出口信用保险公司为出口商品和服务提供风险担保。

（二）贸易法规体系

斯里兰卡是《关税及贸易总协定》的23个创始成员国之一，世界贸易组织（WTO）创始成员国之一。

目前斯里兰卡主要进出口法律是《进出口管制法》（1969年第1号），该法经过了多次修订，详细规定了海关进出口管制官员的职责，进出口监管货物的申请、费用、变更、延期和许可证的取消等有关规定和管理办法，监管人员询问和检查各种进出口文件的权利及对违规者的惩罚权利，需要进口许可证的产品类别，不需要进口许可证的商品。

此外，斯里兰卡主要贸易管理规定有《出口发展法案》（1979年第40号），该法促进和推动斯出口发展；《海关条例》（1946年43号法案，1988年83号修订案）规定实施进口税，征收关税。

（三）贸易管理的相关规定

1. 进口管理

禁止进入斯里兰卡的物品包括：有贬损任何宗教教义的图画、印记或铭文的物品或书籍；按照《刑法》第120条规定应当给予处罚的书籍、小册子和传单等纸质材料，产生气体的器具，中国鞭炮，假币和假货，可以改造为致命武器的玩具枪，淫秽印刷品、音频等物品，日本剃须刀，彩票，含乳固体少于31%（包括乳脂少于9%）的炼乳，剑、棍及能改装成类似武器的物品，麻醉药品和精神药物等。

进口受限制的物品包括：烟草，须得到海关局局长签发的牌照；进口鸡蛋，需要有原产国的印章；治疗性病的药物，只能由注册医生、批发或零售药剂师或者其他已获《性病条例》第3条书面批准的人士进口；宠物进口须依照斯里兰卡动物制品和健康局制定详细规定。

2. 出口管理

斯里兰卡禁止出口金鸡纳树的任何部分及不符合出口标准的茶叶（ISO 3720是斯里兰卡茶叶最低标准）。有些物品的出口受到限制，需要得到有关部门的批准，包括：出口野生肉桂需要得到商务局局长签发的许可证，出口古董需要得到考古部门的批准，出口受联合国《濒危野生动植物种国际贸易公约》保护的物种及产品必须获得许可证，出口火器和弹药需要国防部的批准，出口木材和木制品需要经森林保护部门批准，出口成衣可能需要工业部门的批准，出口椰子及其衍生产品可能需要获得椰子发展局的批准。

3. 海关管理规章制度

斯里兰卡海关成立于1806年。海关局依据《海关条例》负责出入境执法与税收工作，收集进出口数据以及与相关部门进行合作、促进跨境贸易便利化。

出口货物应通过海关代理向斯里兰卡海关申报。申报费用为 550 卢比。货物自提交海关申报之日起 30 日内应完成出口。可以进行海关申报的机构有：海关总部出口办事处、出口便利中心和航空货运出口办公室。2024 年《关税指南》中列明了出口所需的许可证以及应扣缴的出口税。

进口货物同样应通过海关代理向海关申报。除了支付进口关税，进口商还需要支付 250 卢比的操作费用、100 卢比货物密封费用以及 1600 卢比整箱货物费用。持有进口许可证者需要向海关提交电子货物清单，至少在抵达斯里兰卡港口的 72 小时之前提交，或者最后一程不足 72 小时的，需要在从斯里兰卡境外最后一个港口出发时提交。

4. 进出口商品检验检疫

《卫生服务法》（1952 年第 12 号）规定，为了预防和防止传染性疾病在斯境内外传播，进出口商品要获取相应的证书。

（1）产品的质量检验由标准协会负责和出具证书。

（2）农产品检验检疫由农业局负责和出具证书。其中蔬菜、水果、花草以及树木由植物检疫办公室出具证书。

（3）动物检疫由动物生产和检疫局负责和出具证书。

六、斯里兰卡关于劳工雇佣的法律规定

斯里兰卡关于劳工雇佣的法律十分完备，对劳动合同、工资和工时、妇女权利等多个方面作出了详细的规定。

(一)劳工雇佣主管部门及相关法律体系

斯里兰卡的劳动主管部门是劳工和海外就业部以及劳工部。劳工和海外就业部的主要目标是提升斯里兰卡半官方及私营部门员工的生活标准与工作条件。该部门致力于制定并执行相关政策，以促进劳资和谐、提升生产效率与劳动生产力，同时构建良好的雇主与雇员关系。随着其职责范围的持续扩展，该部会定期发布新的劳动法规，始终将员工福利放在首位。劳工部主要负责执行就业相关的法律以及行业标准、处理劳资纠纷、保障妇女的就业安全、提高雇员的社会福利、向社会宣传劳工相关法律等。

斯里兰卡的《劳工法》由多个法令组成。其中《商店和办公室用工法》(1954 年第 19 号)规定了劳工雇佣的一般内容，适用于所有商店和办公室的当地雇员和外国雇员，但从事为期一个月或者更短时间的慈善或者其他目的的集市或者销售工作，或者经劳工部批准在更长时间内从事与殡葬、学校辅导、照顾或者看护工作相关事务的人员不在该法调整范围之内；《妇女、青年与儿童用工法》(1956 年第 47 号)对雇佣妇女、儿童和青年作出了规定；《国家最低工资法》(2016 年第 3 号)和《工资委员会条例》(2019 年第 14 号修正案)规定了最低工资和行业工资标准；《工人预算救济津贴法》(2016 年第 4 号)、《劳动者公积金法》(1958 年第 15 号)、《劳动者信托基金法》(1980 年第 46 号)、《工人补偿条例》(1935 年第 8134 号)和《酬谢金法》(1983 年第 12 号)规定了雇员享有的福利待遇等。

（二）劳工法的核心内容

1. 劳动合同

（1）签订合同。劳动合同可以是书面的、口头的或者通过具体行为推断。《商店和办公室用工法》规定，商店和办公室雇主必须以书面形式向雇员提供下列信息：姓名、岗位名称及工作性质、岗位任命生效时间、岗位任命等级、正常工作时间、薪酬（包括津贴和加班费）及支付频率、试用期、雇佣条件及结束条件、假期、养老金、其他福利（如医疗和保险）、晋升前景和其他就业条件。

劳动合同分为固定期限合同和无固定期限合同。劳动合同为固定期限的，在期限结束时自动终止。雇佣双方在合同期满后继续履行合同的，则默认该合同为无固定期限合同。

（2）合同解除。在试用期间，雇佣双方可以随时告知对方辞职或辞退另一方；正式工作期间，雇佣双方须提前 1 个月告知对方辞职或辞退另一方，雇主也可以在额外支付 1 个月的工资后，立即辞退雇员。

劳动合同的解除可以通过雇员辞职、劳工部的劳工专员书面批准和雇主有正当理由解雇雇员 3 种方式。其中正当理由包括：雇员工作能力较差、未经批准持续旷工、盗窃或欺骗、醉酒、违反合同规定、犯罪等。

2. 工时和加班

《商店和办公室用工法》规定，雇员每天工作时间不超过 8 小时，休息和午餐时间不包含在 8 小时内；每周工作时间不超过 45 个小时，周一至周五全天上班，周六上午上半天班，但工作时间不得超过 5 小时。加班时间一周不得超过 12 个小时。

3. 薪酬

斯里兰卡《工人最低工资标准法案》（2021 年第 16 号修正案）规

定，不论从事何种生产或服务的工人，其最低工资标准为12500卢比/月或500卢比/天。

2016年《工人预算救济津贴法》规定，从2016年1月起雇主必须向每位工人支付“预算救济津贴”，具体金额取决于工人的薪酬。

（1）月薪不超过4万卢比的，每月1000卢比；

（2）日薪不超过1600卢比的，每日40卢比；

（3）计件工人每月应付给工人的津贴为工资金额的10%；

（4）月薪超过4万卢比、低于最高工资标准4.15万卢比的，津贴为实际月薪和4.15万的差额。

此外，雇员在周一至周六加班的，加班工资为正常工资的1.5倍；雇员在周末和国家法定节假日加班的，加班工资为正常工资的1.5倍至2倍。

4. 休假

斯里兰卡的法定节假日包括每周的假期、月圆节、圣诞节、独立日和其他公共节假日。雇员享有带薪年假，第一年休假期限按照确定劳动关系的日期来确定。在1月1日—3月31日确定劳动关系的，享有14天年假；在4月1日—6月30日确定劳动关系的，享有10天年假；在7月1日—9月30日确定劳动关系的，享有7天年假；在10月1日—12月31日确定劳动关系的，享有4天年假。

从第二年开始，雇员可享有14天的带薪年假，其中不少于7天的连续假期。

5. 事假和病假

在用人单位连续工作1年后，因私事、生病或其他合理理由，雇员每年可享受7天假期，事假或病假期间享受正常工资待遇。但雇员在工作的第一年内，每两个月最多休假1天。

6. **女性员工权利保护**

生育第一个孩子时，女性雇员在分娩前享有14天产假，分娩后享有70天产假，产前未休的可以调至产后，共计84天的带薪产假，生育第二个及之后的孩子时，女性雇员有权享有42天的带薪产假。

雇主不能以怀孕、分娩等理由解雇女性。在雇员产假期间，雇主不得发出解雇通知。若女性雇员怀孕后通知雇主，雇主不得让其从事任何可能对该女性雇员或其子女有害的工作。

7. **社会保险**

《雇员公积金法》规定，斯里兰卡雇主和雇员都应向劳动者公积金和劳动者信托基金缴纳社保费用。雇主和雇员应每月分别缴纳雇员当月总工资的12%和8%作为当月的社保费，雇主每月还需缴纳雇员当月总工资的3%作为信托基金保费，雇员无须缴纳信托基金保费。

（三）外国人在当地工作的规定

1. **劳务限制**

斯里兰卡是劳动力大国，严格限制各类企业雇佣外籍劳务。除承包工程项目或投资项目协议规定外，其他领域基本上不允许外籍劳务人员进入。

2. **工作准证办理**

外国人来斯里兰卡工作，应得到斯当地主管部门的工作许可批准。其中，工作所在行业的业务主管部门（雇主）负责接收申请和初步批准，斯里兰卡外国人就业管理办公室负责同意批准和登记，斯里兰卡移民局负责工作签证的办理。

外国人在斯里兰卡工作，需经过严格审批。符合条件获得批准在斯工作者，需遵守斯里兰卡《劳工法》中关于外国人雇佣管理条例的相关规定和斯里兰卡当地法律规定，其中包括工作范围和性质以及签证、工资所得税等相关内容。

按照斯里兰卡移民局规定，以下几种情况可以申请工作签证：经斯里兰卡投资局批准的国有或私人项目的专业工程人员、银行及其下属单位雇员、志愿者、非政府机构雇员、各国驻斯里兰卡使领馆的项目机构或组织雇员、私营企业及其下属单位的雇员。

外国人在斯里兰卡工作的申请程序为：

（1）由雇佣公司提出申请；

（2）由雇佣公司所在的行业主管部门证明和批准；

（3）报斯里兰卡外国人就业管理办公室批准登记；

（4）由斯里兰卡移民局核对颁发入境许可；

（5）外国人入境后向上述部门申请居住签证。

斯里兰卡工作签证时间一般为 1 年，到期需要继续工作的，应由所在的公司向政府部门申请续签。

斯里兰卡政府对从事外籍劳务输入的公司进行管理，颁发执照。若公司违反外籍人员就业规定，将受到罚款、限期离境、限制入境等惩罚。

点评：

按照斯里兰卡移民局要求，外国人赴斯里兰卡工作前首先要持护照和移民局颁发的入境许可到斯里兰卡驻外使领馆盖入境章。抵斯后，需到移民局换取工作签证。外国人赴斯里兰卡工作切勿以旅行签证或商务签证入境，否则将无法更换为工作签证。

申请人需向所在公司提供护照复印件、学历和学位证书复印件、英文简历，按照移民局规定填写居住签证表格、移民局批准工作入境的信件及其他证明资料。

入境许可签证申请所需文件有以下几种：

（1）完整的签证申请表；

（2）斯里兰卡雇主签发的确认雇佣关系的信件；

（3）斯里兰卡雇主的业务登记文件，项目文件以及其他适用的协议；

（4）斯里兰卡雇主所在行业主管部门或斯投资局出具的办理签证推荐信；

（5）申请人的护照复印件。

七、斯里兰卡关于税收的法律规定

（一）税收管理机构及税收法律体系

1. 税收管理机构

斯里兰卡实行属地税制，税收体系和制度健全，主要税务机关为斯里兰卡税务局、斯里兰卡海关和斯里兰卡消费税局等，针对各个税种实施征收管理。

2. 税收法律体系

斯里兰卡税收监管严格，同时税收政策会随着政权和经济的变动出现经常性变化。目前，斯里兰卡税法体系主要由 2017 年颁布的《国内税收法》（2017 年第 24 号）构成，每年会根据政策变化以修正案形式对《国内税收法》进行修订以及补充说明。

（二）主要税赋和税率

斯里兰卡无营业税，但有企业所得税、预提税、个人所得税、增值税、经济服务税、关税、印花税等。

1. **企业所得税**

在斯里兰卡注册成立或实际管理机构位于斯里兰卡的企业为居民企业，居民企业需就其全球所得在斯纳税，非居民企业仅就其来源于斯里兰卡的所得纳税。斯里兰卡与中国在2003年8月签订了避免双重征税协议，斯里兰卡的中资企业可以享受与当地公司同等的税率。

斯里兰卡《国内税收法》（2022年第45号所得税修正案）对企业所得税作出新的修订，自2022年10月1日起生效：

（1）出口、旅游、教育、医疗、建筑和农业加工税率为15%；

（2）制造业税率为18%；

（3）贸易、银行、金融、保险等（标准利率）税率为30%；

（4）酒类、烟草、博彩税率为40%。

点评：

斯里兰卡《国内税收法》（2023年第4号修正案）对所得税部分条款作出修订，重要条款包括：单日或单笔交易中现金支付超过50万卢比，不得扣税，该条款2023年5月8日起生效；自2023年4月1日或之后开始的纳税年度起，所有纳税人都必须进行电子申报。

此外，该修正案还引入了新的规则，规定在斯里兰卡居住并开展业务的公司支付的雇佣费用将被视为来源于斯里兰卡。

该修正案规定了与股息征税有关的若干变化，即规定居民公司在2022年10月1日至2022年12月31日期间向非居民成员支付的股息免征所得税；居民（无论是个人还是任何实体）在2022—2023课税年度的后六个月期间从股息中获得或派生的收益和利润（如果属于应税收入的一部分），适用的所得税税率为15%；以及自2022年10月1日起，居民公司向其成员支付的股息，如该股息可归因于该居民公司或另一居民公司收到的另一股息，或来源于另一股息，则免征所得税。

该修正案中另一项值得注意的规定是引入了大赦计划，对公司变现投资资产所得收益的利息或罚款给予减免。只要在2023年6月30日之前缴纳30%的税款，大赦计划将免除2022年10月1日至2022年12月19日期间收益的罚金和利息。

2. **个人所得税**

根据斯里兰卡税务局网站公布的2023—2024课税年度税率，个人取得工资薪金年度收入金额超过120万卢比的部分适用6%~36%不等的累进税率，具体见表4-7。

表4-7　个人所得税税率

年总额	税率（%）
120万卢比及以下	0
120万~180万卢比	6
180万~230万卢比	12
230万~280万卢比	18
280万~330万卢比	24
330万~380万卢比	30
380万卢比以上	36

资料来源：斯里兰卡税务局。

3. **预扣税**

斯里兰卡税务局网站公布对2023—2024课税年度税率，向居民纳税人支付服务费用、利息、分红、租金、版权、奖金等就其所得预提，其中利息预提 5%，股息预提 15%，租金（超出 10 万卢比部分）预提 10%，服务费用（超出 10 万卢比部分）预提 10%，其他所得情况下按 14%预提。

4. **增值税**

斯里兰卡国会于 2023 年 12 月 11 日批准通过斯里兰卡《国内税收法》（2023 年第 32 号增值税修正案），将增值税从 15%调高至 18%，自 2024 年 1 月 1 日起生效。大部分之前可享增值税豁免的商品如今也需要课税。斯里兰卡税务局于 2023 年 12 月 18 日向纳税人发出提示，指出之前 138 种可免缴增值税的商品中，有 95 种自 2024 年起须缴纳增值税。

有关项目包括燃料、煮食燃气、肥料、谷物制食品、本地生产椰奶及手机。此外，若干类型电器产品、若干类型汽车、运动装备、巴士和货车、高科技医疗设备、医疗机器、保护装备、乙醇、生产塑胶或橡胶产品的机器以及包装材料，也不再享有豁免优惠。

5. **印花税**

斯里兰卡政府就不动产转让及特定凭证征收印花税，税率以省政府规定为准。公司股份的发行与转让也须缴纳印花税。

（三）税务申报

1. **报税时间**

个人所得税：每月申报工资收入，报税时间为次月的 15 日前。其他个人所得应在纳税年度结束后的次年 4 月 30 日前完成汇算清缴。

增值税：申报分为按每月申报和按季度申报，通常是按季度申报。无论是按月申报还是按季度申报，均需按月缴纳增值税。缴税时间是次月 20 日前。

企业所得税：分 4 期申报缴纳，报税时间分别为当年的 8 月 15 日、11 月 15 日前，以及下一年的 2 月 15 日、5 月 15 日前，缴税基数先以上一纳税年度的税款为依据，9 月 30 日会计年度终决算完成后再汇算清缴。

2. **报税渠道**

企业在当地报税可以由企业自行申报，需通过斯税务局报税系统进行申报，同时缴纳企业所得税，所依据的会计报表需经当地有资格的会计师事务所审计通过；也可由会计师事务所代为申报，但需由董事总经理或财务总监签署纳税申报单。

3. **报税手续**

企业报税需要严格按照税务局规定的时间和手续要求，并提交有关文件资料。可以网上申报或到税务部门人工提交材料。

4. **报税资料**

企业报税需要提交的文件包括纳税申报表、经会计师事务所审计的企业会计报表、付款支票等。

八、斯里兰卡关于用地的法律规定

（一）土地资源管理部门及相关法律法规

斯里兰卡旅游和土地部下属的土地部是土地资源主管部门。该部门成立于 1932 年，负责制定和实施国家土地政策，保护国家土地，开展与土地垦殖和为公共目的征用土地有关的活动。

斯里兰卡土地法律复杂，条文众多。根据当地法律，土地可以私有或国有。私有土地由不同占有机制管理。国有土地可通过不同的批准、许可或租赁计划，主要依据为《土地开发法令》（1935 年第 19 号）、《国有土地法令》（1949 年第 13 号）、《土地批准法案（特别条款）》（1979 年第 43 号）和《限制土地转让法》（2014 年第 38 号）等。

（二）外资企业获得土地的规定

斯里兰卡政府拥有全国近 80%的土地，私人土地所有权仅限于每人 50 英亩。根据《限制土地转让法》，外国公民、外国公司和斯里兰卡合资公司（50%以上的股份由外国人或外国公司直接或间接持有）禁止购买和拥有土地，仅可通过租借形式开展投资活动，最长租期为 99 年，并需缴纳土地租赁税，该土地租赁税的税率应为整个租赁期应付租金总额的 15%，除土地租赁税外，承租人还应支付相应的印花税。

外国持股比例低于 50%的斯里兰卡合资公司可以购买土地，外国投资者投资购买 3 层（不含）以上公寓住房，可享受国民待遇（持有所属公寓的永久产权）。

九、斯里兰卡关于环境保护的法律规定

（一）环保管理部门及相关法律法规

斯里兰卡负责环境保护的政府部门主要有环境部及其下设的中央环境局、渔业部下设的海岸保护与海岸资源管理局、城市发展与住房部下设的海洋环境管理局以及马哈威利管理局等。

环境部主要负责管理该国的环境和自然资源，平衡经济发展与自然资源的基础利用；制定国家环境和自然资源管理的关键政策。

中央环境局主要负责保护、管理和改善环境，管理、维护和控制环境质量及防治污染，环境影响评价报告的审批以及与环境相关的各种证书、许可的审批工作。

海岸保护与海岸资源管理局主要负责防治及全面控制海岸侵蚀，促进以沿海资源为基础的经济发展，提高沿海社区的生活水平，并根据国家的发展需要改善资源使用者的生活水平。

海洋环境管理局则是负责研究和参与国家区域和国际协调，通过迅速行动和执法来履行其保护海洋环境的职责。

马哈威利管理局主要职责为引导土地和水资源在该国农业创新发展中发挥重要作用，丰富社会旅游和环境资源，提高人民生活水平。

斯里兰卡的环保法律法规主要包括《动物疾病法》（1992 年第 59 号）、《动物法》（1958 年第 29 号）、《农药控制法（修订）》（1994 年第 6 号）、《环境保护法》（2008 年第 26 号）、《动植物保护法（修正案）》（2009 年第 22 号）、《渔业和水生动物资源保护法》（1996 年第 2 号）及修正案（2017 年第 11 号）、《防洪保护法》（1924 年第 4 号）、《森林保护法》（1907 年第 16 号）、《海洋污染防治法》（1981 年第 59 号）、《土壤保护法》（1996 年第 24 号）、《海啸法案》（2005 年第 16 号）、《水资源委员会法案》（1964 年第 29 号）、《锡兰野生动物保护协会法案》（1968 年第 29 号）、《海岸保护法（修订）》（2011 年第 49 号）等。

（二）环保法律法规基本要点

斯里兰卡环保法规要求在商业活动中注意对陆生和水生的动植物、水资源、土壤等各种自然资源的保护，并制定了海啸、洪水等自然灾害的应对。

《森林保护法》规定森林保护区划定和变动，森林保护区/保留林地禁止行为（如非法出入或停留、砍伐或销售树木、阻断水道、杀伤动物、设置陷阱、点火、建设道路等）和相应处罚，从事木材行业需要获得准证以及相关具体规定。

《动物疾病法》规定动物及动物制品进出口的许可范围、相关手续、健康认证、动物传染病控制及处罚条款。违反此法律将被处以 6 个月以下监禁或 5000 卢比以下罚款（相应部门可通过发布公告调整处罚期限和金额）。

《野生动物保护法案》规定设立锡兰野生动物保护协会，对斯里兰卡的野生动物进行保护。

《水资源委员会法案》规定设立水资源委员会负责整个国家的水资源管理、水污染防治，制定水资源保护和利用计划等。

《海岸保护法》规定海岸资源的管理部门，海岸开发准证申请程序，公布受影响区域、海岸公园和保护区等。

点评：

在斯里兰卡的中国公民需注意避免未经许可钓鱼、捕捞水产、捕捉昆虫、食用特殊动植物等行为。

（三）环保评估的相关规定

中央环境局是斯里兰卡环保评估的法定监管机构。斯里兰卡环境影响评估（环评报告，EIA）首次出现在 1981 年的《海岸保护法（修订）》中。

对环境产生重大影响的项目或处于环境敏感地区的项目都需进行环境评估。斯里兰卡环境法规定，所有规定项目的批准必须由项目审批机构进行。项目审批机构列于 1995 年 2 月 23 日第 859/14 号、2004

年12月29日第1373/6号两次政府公告文件中。在斯里兰卡，有23个政府机构被指定为项目审批机构。特别要注意，作为项目发起者（业主）的国家机构不能作为该项目的项目审批机构。

斯里兰卡环境法在环评程序中确定了两个层面。如果项目的环境影响不是非常显著，那么项目提议者可能会被要求进行初始环境检查。但是，如果潜在影响显著，项目提议者可能会被要求进行环境影响评估，这是一项对环境影响更详细和全面的研究。

［**案例**4-1］

中国港湾建设“大象通道”保护当地生态环境

由中国港湾承建的斯里兰卡高速公路第四标段恰好处在汉班托塔野生大象保护区内，这里不仅大象经常出没，孔雀和猴子也经常在施工现场附近的丛林出没。考虑到拟定的施工地区为野生象群的自然生态活动区，项目的建设会对象群的正常活动造成影响，同时项目建成后象群的活动也可能会对项目设施产生破坏，中国港湾主动协调业主方斯里兰卡道路发展局，与其讨论了生态友好型替代方案。双方决定设计一座高架桥，其底面将作为大象旅行的走廊。“大象通道”的建设保护了当地的生态环境，同时也得到了业主的高度称赞。

点评：

中国在2015年宣布的“推动共建‘一带一路’愿景与行动”中明确表示，在基础设施投资方面应努力促进绿色和低碳基础设施的建设和运营管理。中国港湾在斯里兰卡建设“大象通道”就是一个很好的例子。在基础设施建设过程中注重生态环境保护不仅有利于当地的生态环境，同时也给企业带来良好的声誉。

十、斯里兰卡反商业贿赂、反不正当竞争及反洗钱等方面的法律规定

（一）反商业贿赂

贿赂或腐败调查指控委员会是斯里兰卡的主要反贿赂机构，负责调查和对贿赂或腐败行为采取行动，组织专门培训以提高对贿赂和腐败的认识。斯里兰卡警察局下设犯罪调查部门开展针对贿赂或腐败的调查。

2023年，斯里兰卡政府颁布了《反腐败法》（2023年第9号），废除了《贿赂法》（1954年第11号）、《贿赂或腐败指控调查委员会法》（1994年第19号）和《资产和负债申报法》（1975年第1号），该法目标是加强和扩大贿赂或腐败调查指控委员会的职权范围，提高政府治理的透明度。

如果在斯建设项目由西方国家和国际货币基金组织、世界银行、亚洲开发银行等出资，那么在项目合同中，也会有明确的反商业贿赂条款。

点评：

斯里兰卡营商环境腐败程度较高。最常见的腐败形式包括支付“便利费”、政府官员索取贿赂、裙带关系以及任人唯亲。政府采购环节腐败问题严重。

（二）反不正当竞争

斯里兰卡反不正当竞争的主管部门是依据《消费者事务管理局法》（2003年第9号）而成立的消费者事务管理局，该局负责保护消费者利益并确保公平的市场竞争。《消费者事务管理局法》授权消费

者事务管理局采取必要行动保护消费者利益，同时维持商品和服务供应商之间的有效竞争。

（三）反洗钱

斯里兰卡央行下属的金融情报室是该国反洗钱的主管机构。金融情报室致力于在斯里兰卡建立反洗钱和打击资助恐怖主义，通过预防、调查和起诉与洗钱和资助恐怖主义有关的罪行，有效地执行《金融交易报告法》（2006 年第 6 号）的规定。

斯里兰卡是亚洲太平洋反洗钱工作组的成员，也是金融情报机构埃格蒙特集团的成员。斯里兰卡反洗钱法律制度包括《反洗钱法》（2006 年第 5 号，2011 年第 40 号修正案）、《金融交易报告法》（2006 年第 6 号）和《制止资助恐怖主义行为公约》（2006 年第 25 号，2011 年第 41 号修正案，2013 年第 11 号修正案）等。

斯里兰卡《反洗钱法》中规定的洗钱行为包括：任何人直接或间接参与源自非法活动或非法活动收益的交易；任何人接收、拥有、隐藏、处置从非法活动或其收益中获得的财产，或将其带入、转移或投资于斯里兰卡。

洗钱行为一旦定罪，可处不少于犯罪所涉财产价值的罚款，但不超过犯罪所涉财产价值的 3 倍，或处以不低于 5 年但不超过 20 年的监禁，或罚款和监禁并罚。此外，任何人企图或共谋犯下洗钱罪，或协助、教唆犯下洗钱罪，均属该法规定的罪行，并处以洗钱罪相同的惩罚。

十一、斯里兰卡对保护知识产权的规定

（一）斯里兰卡知识产权保护机构及相关法律法规

斯里兰卡有关知识产权保护的法律为《知识产权法》（2003 年第 36 号）。该法包括界定各类知识产权、取得知识产权保护的方式、知识产权的管理及侵权行为处罚等内容。根据该法设立的国家知识产权局负责斯里兰卡知识产权制度的管理。国家知识产权局下设版权处和工业产权处，具体负责对斯里兰卡全国知识产权进行分类保护和管理，并行使争议解决和裁决权力等。

（二）知识产权规定

1. 著作权

作者的经济和精神权利为作者的终生以及逝世后 70 年；对于共同作者的作品，经济权利和精神权利应在最后一位在世作者有生之年以及逝世后 70 年内受到保护；除实用艺术作品外的集体作品和视听作品，经济权利和精神权利自该作品首次发表之日起受保护 70 年，或未能出版的作品在作品完成后 70 年；以匿名或者化名发表的作品，其经济权利和精神权利自该作品首次发表之日起受保护 70 年；对于实用艺术作品，其经济权利和精神权利自作品制作之日起受保护 25 年。

2. 专利

斯里兰卡专利分为发明专利和外观设计专利。专利申请提交的部门是国家知识产权局，具体的申请流程包括：提交申请，形式审查，实质审查，发出专利检索报告，政府发布公报，授予专利。专利保护期为注册申请日后的 20 年，专利授权之日起 5 年后法院将不受理专利转让申请。

3. **商标**

斯里兰卡商标主管部门是国家知识产权局，商标申请被受理后，商标注册官员进行形式审查，并将有问题的申请通知申请人，申请人在接到通知后3个月内进行补正。如果因申请人的原因，在申请之日起12个月没有完成注册，商标注册官员将通知申请人，如果在随后3个月仍不能完成申请将被视作放弃。商标注册后保护期为商标注册之日后的10年，到期后通过提出申请并缴纳规定费用后可续展10年。

4. **工业外观设计**

工业外观设计向国家知识产权局申请注册后得到保护。工业品外观设计保护期限为自收到注册申请之日起5年，到期后通过提出申请并缴纳规定费用后可连续续展两次，每次5年。

十二、斯里兰卡对外国公司承包当地工程的规定

（一）许可制度

斯里兰卡承包工程项目主要可分为以下4类。

1. **由业主自筹资金且当地公司具有承包实力的项目**

这类项目主要由当地公司承建，政府不反对外资公司参与，但项目技术难度较低，外国公司在竞争中缺乏优势。

2. **国际资金项目**

这类项目需要公开招标，外国承包商和当地承包商均可参与竞标，斯政府鼓励外国承包商和当地承包商组成联营体参与竞标和承揽项目。无论是外国公司还是当地公司，均需严格按照招标程序投标和竞标。

3. **政府提供资金的工程项目**

外国工程公司必须与当地公司组成联营体方可进行投标。

4. **私营项目**

若项目资金来源于私人或民间渠道，项目投标和竞标则取决于私营业主的程序和规定。此类项目业主要求一般比较严格，业主通常会指定某些材料品牌或分包商。

（二）禁止领域

斯里兰卡承包工程市场相对开放，未有明确规定限制外国公司参与工程项目的建设。

（三）主要承包方式

由于斯里兰卡自身经济条件有限，外国援助一直在斯里兰卡经济发展中发挥着重要作用，几乎所有大型基础设施项目都依靠外国资金兴建。对斯里兰卡提供资金支持的国家和国际组织有 30 多个，主要包括中、印、日、德、美，世界银行及亚洲开发银行等。斯里兰卡鼓励外资、私营等各类资本通过 PPP 等模式参与到基础设施建设投资方面。

斯里兰卡政府将 PPP 模式定义为政府与私人投资商之间一种特殊的用于提供公共基础设施资产或服务的合同形式。在该模式下，风险将合理转移至私人投资商，且私人投资商将长期承担投资与管理职责。一般来说，私人投资商将承担一项固定资产的设计、建造、融资、运营及管理工作并将服务提供给斯里兰卡政府或私人终端用户，同时从政府或/和通过向私人终端用户收费取得持续收入。

在斯里兰卡，PPP 一般包括 BOO（建设-拥有-经营）、BOT、BOOT（建设-拥有-经营-转让）等模式，负责 PPP 的主要部门为投资局。

目前，斯里兰卡没有专门针对 PPP 的相关法规，政府在选择 PPP 项目的特许权人/发起人时主要参考《政府招标程序指南 第二部分 私营部门基础设施项目（BOO/BOT/BOOT 项目）（1998 年 1 月修订）》（以下简称采购指南）中的规则。一般来说，PPP 类项目的特许经营年限为 10~30 年，但根据项目情况不同，也可能延长或缩短。

根据斯里兰卡财政、经济稳定和国家政策部（简称财政部）提供的信息，采用 PPP 模式建设项目的主要行业有：电力能源（包括可再生能源），用于储存和供应燃料等的储存站，交通运输类，电信与电子基础设施，碳氢化合物矿床开采和石油基础设施，燃料精炼厂，水利，废物管理，旅游业，经济特区，房地产，教育机构，公共卫生，农业综合企业，矿藏开采、加工出口等。目前，在斯里兰卡开展基础设施 PPP 模式的外资企业主要来自美国、中国、欧盟、印度、菲律宾等。其中，中国是最主要的国家之一，承建的主要大型项目包括科伦坡港南集装箱码头、汉班托塔港综合开发以及科伦坡港口城项目等。

[**案例** 4-2]

中国招商局港口有限公司与斯里兰卡港务局联合投资的科伦坡港南集装箱码头，采用 BOT 模式，总投资超 5 亿美元。该工程由中国港湾工程有限责任公司承建，于 2014 年 4 月竣工。码头由斯里兰卡招商局主导运营及管理，运营期 35 年。

[**案例** 4-3]

科伦坡港口城项目是斯里兰卡迄今最大的外国直接投资项目，此项目采用 PPP 模式，一期总投资额约 14 亿美元，中国港湾负责投融资、规划、建设，获得 116 公顷（约 65%）商业土地 99 年租赁权；斯政府负责提供环评、规划批文、施工许可证等的办理以及外围市政基础设施的配套工作等。2021 年 5 月，斯议会通过了《科伦坡港口城经济委员会法案》，相关实施细则正在陆续颁布。截至 2024 年 2 月，该项目已完成填海造地工作，进入二级开发阶段。

十三、斯里兰卡对中国企业投资合作的保护政策

1. 斯里兰卡对中资企业投资合作的保护协定

（1）中斯签署的双边投资保护协定：1986 年，中斯签署《中华人民共和国政府和斯里兰卡民主社会主义共和国政府关于相互促进和保护投资协定》，为双向投资创造良好的环境，并保护投资者利润汇出等相关利益。

（2）中斯签署的避免双重征税协定：2003 年 8 月 11 日，中斯两国政府签署《中华人民共和国政府和斯里兰卡民主社会主义共和国政府关于对所得避免双重征税和防止偷漏税的协定》，于 2005 年 5 月 22 日生效，2006 年 1 月 1 日开始执行。

2. 其他协定及发布的声明

1982 年、1984 年双方分别签订中斯关于成立贸易混合委员会的协议、中斯关于成立经济贸易合作联合委员会的协定。

1991 年，中斯贸易混合委员会和经贸合作联合委员会合并为“中斯经济贸易联合委员会”（简称联委会）。截至 2024 年，联委会已召开 7 次会议。

2005 年，中斯签署《中华人民共和国政府和斯里兰卡民主社会主义共和国政府关于两国互免国际航空运输和海运收入税收的协议》。

2007 年，双方签署《中华人民共和国政府和斯里兰卡民主社会主义共和国政府经济技术合作协定》。

2017 年，双方签署《中华人民共和国政府和斯里兰卡民主社会主义共和国政府关于促进投资与经济合作框架协议》以及《中国–斯里兰卡投资与经济技术合作发展中长期规划纲要》。

2021 年 3 月，中国人民银行与斯里兰卡中央银行签署了规模为100 亿元人民币、有效期为 3 年的双边本币互换协议。该协议旨在促进双边贸易与投资。

十四、在斯里兰卡解决纠纷的主要途径及适用法律

中国企业在斯里兰卡开展投资经营活动，需要严格遵守当地法律法规，并根据签订的商业合同履行义务、维护自身合法权益。根据《中华人民共和国政府和斯里兰卡民主社会主义共和国政府关于相互促进和保护投资协定》，缔约双方的国民或公司就在缔约另一方领土内的投资产生的争议应尽量由双方友好协商解决。若争议在 6 个月内未能协商解决，双方可采取诉讼或仲裁等方式解决。

（一）调解

斯里兰卡根据《调解委员会法》（1988 年第 72 号）引入调解委员会。调解委员会根据各地区组织的提名，任命调解员组成调解员小组。调解程序为：争议方向调解员小组提出申请，调解员小组将该争议提交给一个调解委员会进行调解。

（二）仲裁

1. 国内仲裁

仲裁是斯里兰卡常见的争端解决办法。大多数商业协议都含有仲裁条款。《仲裁法》（1995 年第 11 号）规定仲裁协议可采用在合同中

签订仲裁条款的形式，也可采用单独协议的形式。仲裁协议须以书面形式订立。仲裁协议如载于当事各方签署的文件中，或载于提供协议记录的信件、电传、电报或其他电信手段中，则应视为书面协议。仲裁裁决应以书面形式作出，并说明其所依据的理由，仲裁裁决副本应交付给每一方。当事人可以请求仲裁庭对裁决部分内容作出解释。仲裁庭认为该请求有正当理由的，应在收到该请求之日起 14 日内或当事人同意的更长期限内作出更正、修改或解释。仲裁庭的解释构成裁决的一部分。

斯里兰卡国家仲裁中心和 ICLP 仲裁中心（ICLPAC）可以通过仲裁解决商业纠纷。

2. 国际仲裁

中国和斯里兰卡均为《承认及执行外国仲裁裁决公约》（《纽约公约》）和《关于解决国家与他国国民之间投资争端公约》（《华盛顿公约》）的缔约国。根据《华盛顿公约》，缔约国国民与其他缔约国发生争议，可诉诸国际投资争端解决中心（ICSID）。这意味着中国投资者与斯里兰卡政府产生有关投资的争端时，可向 ICSID 提交仲裁申请。国际仲裁流程如下：

（1）向 ICSID 秘书长提出仲裁申请；

（2）由双方同意的独任仲裁员或 3 名仲裁员组成仲裁庭，若选择 3 人仲裁庭，双方各指定 1 人，再由双方所指定的仲裁员共同指定第 3 位仲裁员。在秘书长发出仲裁登记通知后 90 日内，如果双方无法选择仲裁员成立仲裁庭，则由 ICSID 主席在仲裁小组中指定仲裁员成立仲裁庭。任何一位仲裁员不得是当事人所属国的公民。

（3）发生争议的双方，有权自主选择解决争议时所适用的法律，若未作出选择，适用的法律根据冲突规范确定。

点评：

斯里兰卡仲裁庭审理/裁决所遵循的解释文件中，双方约定的合法合同协议优先级高于适用法，适用法仅在合同有关约定不明确的情况下给予解释。由此，合法约定的合同是当事双方首要遵循的“法律”。在合同起草、谈判和签署阶段，应不惧烦琐，条款尽可能约定得清晰全面详尽，避免模棱两可和漏项，有助于后续执行阶段合同责任义务的顺畅履行，避免产生不必要的争议。

合同执行阶段，应重视合同文件管理，科学归档，对于执行中出现的问题，过程中要及时规范发函或以其他形式留下书面证据，有关文件和票据及时存档，看似不起眼的文件在后续索赔举证中可能就发挥着关键作用，帮助维护自身利益。

（三）诉讼

1. 诉讼体系

斯里兰卡的法院由高到低分别为最高法院、上诉法院、高级法院、地方法院和一审法院。其中，一审法院有权审理索赔额不超过 1500 卢比的民事诉讼。地方法院可以审理索赔超过 1500 卢比民事诉讼。索赔金额超过 300 万卢比的商业纠纷属于高级法院的管辖范围。

2. 诉讼流程

斯里兰卡诉讼程序分为以下 3 个阶段。

（1）启动程序。原告必须提交其索赔文件，并将诉讼通知送交被告。诉讼必须在适用的时效期限内提交。与土地和不动产有关的诉讼有效期限是自取得对争议财产的占有权之日起 10 年，与合同、协议、本票和汇票有关的诉讼有效期限是自违反协议之日或本票、汇票或最后一次利息支付到期之日起6年，与出售/交付的货物、完成的工作或劳务以及账单或账簿债务有关的诉讼有效期限是自债务到期之日起1年，与损失、伤害或损害（侵权）有关的诉讼有效期限是自诉因产生之日起2年，豁免诉讼和其他类型的诉讼有效期限是自诉因产生之日起3年。

（2）通知被告人和辩护人。在常规诉讼中，诉讼通知以及所提交文件的副本通过邮寄方式送达被告。在送达文件时，法院财务官员必须向法院提交一份报告，详细说明送达诉讼程序的时间。

（3）后续阶段。诉讼提起后，商业高级法院遵循的基本步骤包括传票返回日期、被告答复、提交答辩书、预审、审判、提交最终书面意见和文件、法院宣布判决。

3. 外国诉讼

中国和斯里兰卡都是《关于向国外送达民事或商事司法文书和司法外文书公约》(简称《海牙送达公约》）的缔约国，可依据公约中的相关规定在斯里兰卡进行法律活动。在斯里兰卡，该公约的部分内容还体现在《民商事互助法》（2000年第39号）中。《民商事互助法》规定了外国诉讼的具体内容。该法第5（1）条和第6（1）条规定，外国诉讼可送达斯里兰卡任何一方，外国主管当局必须将协助外国程序和/或文件的请求送交斯里兰卡司法部，司法部将把这些请求转交外交部。传票或文件随后会送达有关各方。依据该法第9条和第10条，外国主管部门可以向斯里兰卡司法部提出请求，要求就特定国家的商业或民事事项在斯里兰卡收集证据。司法部必须发出书面授权，由地区法官取证和转交此类证据。

十五、在斯里兰卡投资注意事项

企业在进入斯里兰卡投资市场之前，需要进行市场调查，了解当地的市场需求和商机；在投资过程中需要确保所签订的合同和协议符合斯里兰卡的法律和监管制度；在招募和管理当地的员工时，需要考虑当地的就业法律和规定。总之，在斯里兰卡投资可以获得很多商业机会，但是需要进行充分的研究和准备，以确保投资合法有效，并获得更高的回报。

（一）境外投资

中资企业到当地投资应注意下列问题：

（1）中资企业前往斯里兰卡开展投资合作要深入进行可行性研究，充分了解当地法律、法规和国情，严格依法依规开展海外经营。谨慎选择合作伙伴，签订合同务求严谨，妥善处理好劳资关系。可根据斯里兰卡投资局招商引资的政策要求申请税费减免等优惠。

（2）充分重视科学管理方法的应用，引入适应当地的有效管理方法。提高自身的国际化经营能力，适当引进当地可用人才，以适应熟悉当地的法律环境和经营环境。

（3）加强对当地税收、劳工、外汇管理、环保和安全等政策的研究，了解相关法律法规及风土人情，充分尊重当地民风习俗和宗教信仰。

（4）加强与当地企业的合作，加强市场调研，做好风险防范。

（5）加强文化沟通，增强跨文化沟通的敏感性，识别文化差异，加强文化认同感。

（二）对外承包工程

承包工程注意事项：

（1）充分了解斯里兰卡法律法规，严格遵守当地税务征收规定、劳工法规等。

（2）服从中国对外承包工程商会和斯里兰卡中国企业商会的协调，不与其他中资企业恶性竞争。

（3）严格遵循合同条款、FIDIC（国际咨询师工程联合会）条款，加强对合同中的国际规则或惯例的理解。

（4）科学评估项目实施风险，全面了解市场资源（劳动力、材料、海运周期等）情况，合理投标。

（5）强化人身安全防范措施。

（6）充分尊重当地民风习俗和宗教信仰等，避免参与当地政治和党派活动。

近几年中国企业在斯里兰卡承揽了较多工程项目，如南部高速延长线、中部高速第一标段、班达拉奈克国际机场跑道重铺、班达拉奈克国际机场扩建项目、埃勒黑勒引水隧洞工程、南部铁路延长线项目等。根据经验，中国企业进行工程承包时务必注意几点：

（1）应考虑到斯沙、石、土等材料供应紧缺，征地缓慢，地方政治势力干涉等因素，提前做好准备和防范。

（2）防范业主在项目融资未落实的情况下要求承包商入场开展工作的风险。

（3）业主支付工程款存在滞后的情况，工程承包企业要注意自身现金流问题，并及时向业主进行延迟支付索赔。

（4）注重中方在斯务工人员的培训和教育，建立健全劳务管理制度，加强劳务管理，保障和维护劳务人员的合法权益，避免劳务纠纷。

（5）签约和实施阶段对潜在风险保持警惕，增强合约意识、契约精神和风险识别能力，摒除侥幸心理，防范陷入直接和潜在的风险，造成无法挽回的损失。

（6）建立健全应急预案，在发生大规模宗教活动、游行示威、社会暴乱、暴力阻工、恐怖袭击等危害活动时，能及时作出反应并采取有效措施，以保障中方人员的人身财产安全和企业利益。

（7）受到新冠疫情及乌克兰问题影响，2022 年初以来斯里兰卡燃油、燃气、电力极度短缺，大宗原材料价格暴涨。因此提早储备燃油燃气，采购临时发电设备对于项目的管理和履约至关重要。

（8）对于以当地货币结算的工程项目，应提前采取汇率风险规避措施。

（三）对外劳务合作

斯里兰卡严格限制雇佣外籍劳务。除承包工程项目或投资项目项下协议规定外，其他领域基本不允许外籍劳务人员进入。对外劳务合作应注意以下几点：

（1）按规定通过具有对外劳务合作资质的单位派出劳务；

（2）杜绝持旅游签证赴斯务工；

（3）严格遵循当地一系列劳工相关法律等。

（四）防范投资合作风险

在斯里兰卡开展投资、贸易、承包工程和劳务合作的过程中，要特别注意事前调查、分析、评估相关风险，事中做好风险规避和管理工作，切实保障自身权益。包括调查和评估项目或贸易客户及相关方的资信、分析和规避项目所在地的政治风险和商业风险、分析项目本身实施的可行性等。企业应积极利用保险、担保、银行等金融机构和其他专业风险管理机构的相关业务保障自身利益，包括贸易、投资、承包工程和劳务类信用保险、财产保险、人身安全保险等，银行的保理业务和福费廷业务，各类担保业务（政府担保、商业担保、保函）等。

Chapter 5
第五章

工程项目投建营全生命周期中的合规要求

作为企业风险管理重要组成部分的项目合规管理，首先要识别合规义务，即合哪些规。企业应以适合其规模、复杂性、结构和运行的方式记录其合规义务。合规义务的来源包括合规要求和合规承诺。

1. 合规要求

合规要求指企业必须遵守的外部各项法律法规、监管规定。

（1）境内经营：境内工程建设相关的法律、法规、部门规章。

（2）境外经营：强调所在国的法律法规、国际条约、规则等。强调对外承包工程相关的投标管理、合同管理、项目履约、劳工权利保护、环境保护、连带风险管理、债务管理、捐赠与赞助、反腐败、反贿赂等方面的要求。

2. 合规承诺

合规承诺指企业自愿遵守的指引、合约、协议、内部章程、规定等。

按内容划分，合规义务又可以分为以下四类：

（1）法律、法规、规章、政策；

（2）行业协会等自律性组织的规范、标准、惯例等；

（3）公司章程及企业内部规章制度；

（4）诚实守信的职业道德。

我们按工程项目投建营全生命周期，梳理了各个阶段的合规要求。

一、第一阶段：项目前期论证

在斯里兰卡开展工程项目的投资、建设和运营既要严格遵守斯里兰卡关于投资、工程建设、环保、税务、劳动用工等方面的要求和规定，也要尊重当地的文化习俗，这是企业在斯里兰卡正常经营的前提，也是企业在该国获得长期稳定发展的必要条件。

（一）中国境内合规要求

中资企业开展境外投资活动前，应当完成中国境内的核准、备案程序，避免出现境外工作完成后因境内合规问题导致投资失败的风险。

1. 中国境内相关政策法规

中资企业境外投资需要遵守的国内相关政策法规主要包括：国家发展改革委、商务部、国家外汇局、国务院国资委等部门制定的相关政策法规等，具体内容见表 5-1。

表 5-1　中资企业境外投资需要遵守的国内相关政策法规

序号	部门规章	发文机构	发布时间
1	《境外投资管理办法》	商务部	2014 年
2	《企业境外投资管理办法》	国家发展改革委	2017 年
3	《境内机构境外直接投资外汇管理规定》	国家外汇局	2009 年
4	《关于境内居民通过特殊目的公司境外投融资及返程投资外汇管理有关问题的通知》	国家外汇局	2014 年
5	《关于进一步改进和调整资本项目外汇管理政策的通知》	国家外汇局	2014 年

续 表

序号	部门规章	发文机构	发布时间
6	《关于进一步简化和改进直接投资外汇管理政策的通知》	国家外汇局	2015 年
7	《关于驻外经商机构为企业办理对外承包工程项目投标（议标）核准意见的暂行规定》	商务部办公厅	2015 年
8	《关于进一步推进外汇管理改革完善真实合规性审核的通知》	国家外汇局	2017 年
9	《中央企业境外投资监督管理办法》	国务院国资委	2017 年
10	《关于进一步引导和规范境外投资方向的指导意见》	国家发展改革委、商务部、人民银行、外交部	2017 年
11	《对外承包工程管理条例（2017 年修订）》	国务院	2017 年
12	《境外投资敏感行业目录（2018 年版）》	国家发展改革委	2018 年
13	《对外投资备案（核准）报告暂行办法》	商务部、人民银行、国务院国资委、银监会、证监会、保监会、国家外汇局	2018 年
14	《关于做好国内企业在境外投资开办企业（金融企业除外）核准初审取消后相关工作的通知》	商务部办公厅	2018 年
15	《对外投资备案（核准）报告实施规程》	商务部办公厅	2019 年
16	《关于加强疫情期间境外工程项目和在外人员统计的通知》	商务部办公厅	2020 年
17	《关于促进对外设计咨询高质量发展有关工作的通知》	商务部等 19 部门	2021 年

续 表

序号	部门规章	发文机构	发布时间
18	《对外投资合作绿色发展工作指引》	商务部、生态环境部	2021 年
19	《数字经济对外投资合作工作指引》	商务部、中央网信办、工业和信息化部	2021 年
20	《对外承包工程业务统计调查制度》与《对外承包工程业务统计调查制度》(修订)	商务部	2022 年
21	《关于推进共建“一带一路”绿色发展的意见》	国家发展改革委、外交部、生态环境部、商务部	2022 年
22	《关于继续做好境外企业和对外投资联络服务平台相关工作的通知》	商务部	2023 年
23	《境外中资企业机构和人员安全管理指南》	商务部	2023 年
24	《对外承包工程项目备案和立项管理办法》	商务部	2024 年

点评：

法律法规动态更新，可查询我国商务部“走出去”公共服务平台（fec. mofcom. gov. cn）查看最新的政策法规。

2. 境内核准/备案流程及主要规定

（1）国家发展改革委相关规定。对敏感类项目实行核准管理，对非敏感类项目实行备案管理。具体见表 5-2。

表 5-2 国家发展和改革委员会相关规定

项目分类	境内企业直接开展投资	境内企业通过其控制的境外企业开展投资	具体内容
敏感类项目	核准（国家发展改革委）	核准（国家发展改革委）	实行核准管理的，投资主体向核准机关提交项目申请报告并附具有关文件，项目申请报告应当包括以下内容：投资主体情况；项目情况，包括项目名称、投资目的地、主要内容和规模、中方投资额等；项目对我国国家利益和国家安全的影响分析；投资主体关于项目真实性的声明。 核准机关应当在收到项目申请报告之日起 5 个工作日内一次性告知投资主体需要补正的内容。核准机关应当在受理项目申请报告后 20 个工作日内作出是否予以核准的决定。项目情况复杂或需要征求有关单位意见的，经核准机关负责人批准，可以延长核准时限，但延长的核准时限不得超过 10 个工作日，并应当将延长时限的理由告知投资主体。符合核准条件的项目，核准机关应当予以核准，并向投资主体出具书面核准文件。

续 表

项目分类	境内企业直接开展投资	境内企业通过其控制的境外企业开展投资	具体内容
非敏感类项目	央企、大额：备案（国家发展改革委） 央企、非大额：备案（国家发展改革委）	央企、大额：报告（国家发展改革委） 央企、非大额：无须履行手续	实行备案管理的，投资主体通过网络系统向备案机关提交项目申请报告并附具有关文件。项目备案表或附件不齐全、项目备案表或附件不符合法定形式、项目不属于备案管理范围、项目不属于备案机关管理权限的，备案机关应当在收到项目备案表之日起 5 个工作日内一次性告知投资主体。备案机关在受理项目备案表之日起 7 个工作日内向投资主体出具备案通知书。 投资主体通过其控制的境外企业开展大额非敏感类项目的，投资主体应当在项目实施前通过网络系统提交大额非敏感类项目情况报告表，将有关信息告知国家发展改革委。投资主体提交的大额非敏感类项目情况报告表内容不完整的，国家发展改革委应当在收到之日起 5 个工作日内一次性告知投资主体需要补正的内容。
	非央企、大额：备案（国家发展改革委） 非央企、非大额：备案（省级发展改革委）	非央企、大额：报告（国家发展改革委） 非央企、非大额：无须履行手续	

表 5-2 中的“敏感类项目”指涉及敏感国家和地区的项目和涉及敏感行业的项目。

“敏感国家和地区”指未与我国建交的国家和地区；发生战争、内乱的国家和地区；根据我国缔结或参加的国际条约、协定等，需要限制企业对其投资的国家和地区；其他敏感国家和地区。

“敏感行业”指由国家发展改革委发布的敏感行业目录（2018 年

1 月 31 日发布）中涉及的行业，例如武器装备的研制生产维修、跨境水资源开发利用、新闻传媒、房地产业，根据我国法律法规和有关调控政策需要限制企业境外投资的行业等。

“大额”指中方投资额 3 亿美元及以上。

（2）商务部相关规定。2018 年 1 月 25 日，商务部、人民银行、国务院国资委、银监会、证监会、保监会、国家外汇局共同发布了《对外投资备案（核准）报告暂行办法》（商合发〔2018〕24 号），规定由商务部牵头对外投资备案（核准）报告信息统一汇总，各部门定期将备案（核准）信息和报告信息通报商务部，实行“备案为主、核准为辅”的管理方式。

2018 年 8 月和 2019 年 7 月，商务部分别出台《关于做好国内企业在境外投资开办企业（金融企业除外）核准初审取消后相关工作的通知》《对外投资备案（核准）报告实施规程》，明确了相关工作细则。

企业境外投资涉及敏感国家和地区、敏感行业的，实行核准管理。企业其他情形的境外投资，实行备案管理。实行核准管理的国家主要是未与中华人民共和国建交的国家、受联合国制裁的国家。必要时，商务部可另行公布其他实行核准管理的国家和地区的名单。实行核准管理的行业主要是涉及中华人民共和国限制出口的产品和技术的行业、影响一国（地区）以上利益的行业。

2024 年 5 月，商务部发布《对外承包工程项目备案和立项管理办法》（以下简称《办法》），于 2024 年 7 月 1 日起施行。《办法》旨在通过规范化管理，促进对外承包工程行业的健康发展，同时保障国家利益和企业权益。《办法》的核心内容包括：

①一般项目备案管理。在外交关系良好、安全风险低的国家承包的非多国利益项目，企业需在商务主管部门备案，并对信息负责。

②特定项目立项批准。在外交关系不良或风险高的国家的项目，以及涉及多国利益的项目，需商务部批准。

③项目信息报告。企业需定期向相关部门报告项目进展，并在突发事件发生时立即报告。

④业务分级管理。商务部负责全国管理，省级商务部门负责地方企业备案和监督。商务主管部门提供服务保障，支持合规经营，并对违规企业进行处罚。

（3）国家外汇管理局相关规定。银行按照国家外汇管理局《直接投资外汇业务操作指引》直接审核办理境外直接投资项下外汇登记，国家外汇管理局及其分支机构通过银行对直接投资外汇登记实施间接监管（见表 5-3）。

表 5-3　国家外汇管理局相关规定

分类	规定内容
境外直接投资前期费用登记	（1）境内机构（含境内企业、银行及非银行金融机构，下同）汇出境外的前期费用，累计汇出额原则上不超过 300 万美元且不超过中方投资总额的 15%。 （2）境内机构汇出境外的前期费用，应列入其境外直接投资总额。 （3）银行通过资本项目信息系统为境内机构办理前期费用登记手续后，境内机构凭《业务登记凭证》直接到银行办理后续资金购付汇手续。 申请材料： （1）《境外直接投资外汇登记业务申请表》。 （2）营业资质许可（尚未办理“五证合一”的企业，还需提供组织机构代码证）。

续 表

分类	规定内容
境外直接投资前期费用登记	(3) 境外投资资金来源证明、资金使用计划和董事会决议（或合伙人决议）、合同或其他真实性证明材料。 注意： 境内机构为其境外分支、代表机构等非独立核算机构购买境外办公用房的，需提交以下材料： (1)《境外直接投资外汇登记业务申请表》； (2) 境外设立分支、代表机构等非独立核算机构的批准/备案文件或注册证明文件； (3) 境外购买办公用房合同或协议； (4) 其他真实性证明材料。
境内机构境外直接投资资金汇出	银行要求的审核材料主要有： (1)《境外直接投资外汇登记业务申请表》。 (2) 营业资质许可或注册登记证明及组织机构代码证（多个境内机构共同实施一项境外直接投资的，应提交各境内机构的营业资质许可或注册登记证明及组织机构代码证）。 (3) 非金融企业境外投资提供商务主管部门颁发的《企业境外投资证书》，金融机构境外投资提供相关金融主管部门对该项投资的批准文件或无异议函。 (4) 境外投资资金来源证明、资金使用计划和董事会决议（或合伙人决议）、合同或其他真实性证明材料。 (5) 外国投资者以境外股权并购境内公司导致境内公司或其股东持有境外公司股权的，另需提供加注的外商投资企业批准证书和加注的外商投资企业营业资质许可。 (6) 其他真实性证明材料。

点评：

企业开展对外投资之前，应针对具体投资项目向各部门确认具体流程及要求。同时，国家对于境外投资行业的政策可能随时变化，因此，投资者应当关注我国针对具体行业的境外投资政策，特别是敏感行业或国家战略不支持的行业的政策变动，及时向相关部门咨询、核实。

（二）斯里兰卡工程建设行业相关法律法规

斯里兰卡没有专门适用于国际承包工程的法律规则，其对国际承包工程法律关系的调整，主要是由该国一些相关法律来进行。根据斯里兰卡现行法律，对外国承包企业在斯里兰卡承包工程进行调整的法律法规主要有：《斯里兰卡投资局法案》（1978 年第 4 号）及其修订条款和细则、《公司法》（2007 年第 7 号）及其修订条款、《建筑业发展局法》（2014 年第 33 号）、《斯里兰卡公用事业委员会法》（2002 年第 35 号）、《电力法》（2009 年第 20 号）、斯里兰卡《电力法修正案》（2013 年第 31 号及 2022 年第 16 号）、《石油产品法》（2002 年第 33 号）、《道路发展管理局法》（1981 年第 73 号）、《国家道路法》（2008 年第 40 号）等。

其他还包括投资、劳动、税务、用地、环保有关的法律法规。

（三）前期论证各子阶段

1. 投资机会研究

（1）投资机会研究方法。

第一步：制定对外投资战略。企业必须明确对外投资应实现的战略目标，首先需初步确定投资地与投资行业。

第二步：投资环境分析。企业必须研究目标投资地的政治、经济、法律体系和税制、行业发展情况、劳动力市场与重大风险因素等内容。

第三步：制定市场进入战略。企业需要确定投资的方式，例如参股、合资投资等，并且制订市场进入战略与行动计划。

（2）斯里兰卡承包工程市场分析。

①中国在斯里兰卡承包业务总体情况。中国和斯里兰卡建交以来，经贸关系在平等互利的基础上发展顺利，经贸合作不断取得新成果。斯里兰卡内战结束后，中国政府给予了斯里兰卡最大的援助。2009 年后，中国企业积极参与到斯里兰卡经济社会建设中，承建了许多大型基础建设项目。

中国承包工程企业是斯里兰卡承包工程市场最重要的参与者。商务部数据资料显示，截至 2022 年底，中国企业在斯里兰卡承包工程累计合同额超 329 亿美元，累计营业额超 230 亿美元。从业务领域看，中国承包工程企业深度参与斯里兰卡基础设施全领域发展，主要包括公路、高速公路、港口、机场、电站、电网、水利、灌溉、供水及污水处理、通信等传统领域，以及城市开发、垃圾处理、房建等新兴领域。斯里兰卡现有四条高速公路、两个重要港口、两座国际机场、最大的火电站和综合水利枢纽等都是中国企业承建或部分参与建设的工程项目。

②斯里兰卡工程承包市场资金来源。国际资金在斯里兰卡工程承包市场发挥了重要作用。由于斯里兰卡长期内战，资本积累不足，在推动重大基础设施建设时，必须依靠外国资金发挥拉动作用。现汇和 EPC+F（设计-采购-施工总承包+融资模式）为斯里兰卡推动基础设施发展的主要模式，世界银行、亚洲开发银行、欧洲复兴开发银行等多边金融机构，中国进出口银行、国家开发银行，日本国际协力机构、国际协力银行，韩国国际合作机构、进出口银行，法国开发署等多双

边出口信用机构、官方发展援助机构、开发性金融机构等为斯里兰卡基础设施发展提供了大量资金。BOT 模式主要局限在港口运营领域，其他领域因经济性欠佳尚无成功实践。斯里兰卡政府对 PPP 等合作新模式持开放态度，在财政部成立了专门机构推动公私合作。

③斯里兰卡市场主要承包工程企业。得益于资金、技术、管理等方面的优势，外国承包工程企业在推动斯里兰卡战后基础设施重建和发展方面发挥了重要作用，大型基础设施项目几乎全部由知名跨国承包企业总承包建设。中交集团、中国航空技术进出口总公司、中国电建集团、中国建筑集团、中铁集团、中国机械设备工程股份有限公司等中国承包工程企业以及日本的三井住友建设、大成建设、熊谷组，韩国的 Seoyong Construction，印度的 Ircon International、VA Tech Wabag、TATA、Pratibha Industries 以及欧洲的 Ellipse Projects（法国）、ICT GmbH（德国）、VAMED Nederland B. V.（荷兰）、GITEC Consult GmbH（德国）、Ontam（土耳其）、Comnoral Ltd（芬兰）等国际承包工程企业在当地市场较为活跃。同时，通过分包、参与建设等形式，当地承包工程企业队伍逐渐得到培养、发展，MAGA Engineering、International Construction Consortium（ICC）、Access Engineering、Nawaloka Construction 等一批企业成长为本地规模较大的承包工程企业，并具备了独自建设大型基础设施项目的能力。

相对于斯里兰卡本地企业，中资企业的优势体现在技术实力雄厚、资金充足、项目执行力强、项目管理水平较高以及工程进度较快等方面。相对于日韩和欧美公司，中资企业优势体现为造价较低、管理费较低、工期较短、质量较好、信用度较高等方面，其他优势还包括：部分施工设备先进、人力资源优势明显、施工组织能力较强等。随着斯里兰卡政府对基础设施的重视程度逐步提高，投资环境逐步改善，中资企业已经在道路、电力、水利、通信、供水方面取得优势地位。

[案例 5-1]

中国交通建设集团有限公司（简称中交集团）进入斯里兰卡较早，在当地知名度高，曾承建过 A10 公路、南部高速、香格里拉酒店等项目。

科伦坡港口城就是由中交集团所属中国港湾工程有限责任公司（简称中国港湾）投资、建设、运营的大型城市综合体开发项目。港口城项目是集填海造地、城区开发、产业导入、城市运营等为一体的大型综合性境外基建 PPP 项目，为斯里兰卡首都科伦坡打造全新中央商务区（CBD）。中国港湾负责项目的投融资、规划、建设，包括港口城内所有市政设施的配套施工，并获得 116 公顷商业土地 99 年租赁权（其中 20 公顷租期为“60+99”年）。该项目于 2014 年 9 月破土动工，预计开发周期约为 25 年，建成后将成为南亚地区集金融、旅游、物流、信息技术等为一体的高端城市综合体。

点评：

作为经济特区，科伦坡港口城可提供安全低风险的金融环境，为全球投资者在斯里兰卡开展业务提供便利条件。此外，港口城规划中的商业生态系统和居住生活系统，可使入驻企业享受不受资本或汇兑控制、100%外国所有权、25 年以上税收激励优惠等利好政策。科伦坡港口城非常重视吸引高价值外国直接投资，截至 2024 年 4 月，已有 41 家企业被港口城经济委员会批准为注册授权人，有超过 20 个潜在投资者正申请成为注册授权人。

科伦坡港口城目前为投资者提供两种主要投资选择：一是土地开发投资，包括住宅和商业房地产开发；二是商业投资，包括IT（信息技术）/ITes（信息技术支持服务）、金融服务、酒店/旅游、物流等。有意向在港口城投资或设立商业实体需要经港口城经济委员会批准成为注册授权人。港口城的最终目标是效仿迪拜、新加坡等国经验，将斯里兰卡打造成为一个具有全球吸引力的理想投资目的地。

④斯里兰卡工程承包前景。2019 年，斯里兰卡《繁荣与辉煌愿景》规划表明，在道路交通方面，加快高速公路和国内主干线公路的建设，对现有公路、桥梁进行升级改造。根据斯里兰卡交通发展规划，政府计划未来十年投入约 60 亿美元，用于国内公路、桥梁、城市交通基础设施的建设、改造和升级工程。其中新建高速公路 595 公里，预计总投资约 25 亿美元；改造现有公路 4900 公里，预计总投资约 21 亿美元；高速公路及桥梁的维修约 14 亿美元；交通疏堵项目投入约 2.4 亿美元，包括立交桥的建设、交叉路口改造工程、人行道建设、交通信号系统安装等。

《繁荣与辉煌愿景》规划中拟发展的重点项目包括中部高速、宝石城高速和东部高速，发展连接汉班托塔港、亭可马里港和贾夫纳等城市的公路网。铁路方面，旨在推进铁路现代化，重点工作包括提高运行速度、新建铁路线、增加运力、加强信号和通信、铁路电气化和加强电子信息技术等。优先建设连接汉班托塔港、亭可马里港、贾夫纳港的铁路网。电力能源方面，进一步增强电力供给，完善能源结构，发展包括水电、火电、液化天然气（LNG）、太阳能在内的各类型电站。城市发展方面，重点发展科伦坡都市圈，全力支持科伦坡港口城项目，打造南亚区域内首屈一指的中心商务区，规划建设科伦坡轻轨线、城市快速路等，进一步缓解交通拥堵现状，不断提高科伦坡城市管理水平和市容市貌。

作为推动经济发展、增加外汇收入和国内就业、解决国内能源和基础设施短缺问题的重要手段，可以预计斯里兰卡政府将会继续大力推动和吸引外商投资，特别是在能源和基础设施方面的投资。

总体看，斯里兰卡是值得中国承包工程企业持续深耕的“小而美”的市场。

2. 可行性研究

确定拟投资项目后，企业需要开展可行性研究。除财务可行性调研外，境外投资前期调研还应包括投资必要性、技术可行性、组织可行性、经济可行性等调研。

（1）投资必要性。根据市场调查及预测的结果、有关产业政策等因素，论证项目投资建设的必要性。在投资必要性的论证上，一是做好投资环境分析，对构成投资环境的各种要素进行全面的分析论证；二是做好市场研究，包括市场供求预测、竞争力分析、价格分析、市场细分、定位及营销策略论证等。

（2）技术可行性。应从项目实施角度，合理设计技术方案，并进行比选和评价。各行业不同项目技术可行性的研究内容及深度差别较大。工业项目可行性研究的技术论证应达到能明确列出设备清单的深度；非工业项目可行性研究的技术论证应达到工程方案初步设计的标准，以便与国际惯例接轨。

（3）组织可行性。制订合理的项目实施进度计划，设计合理的组织架构，选择经验丰富的管理人员，构建良好的协作关系，制订合适的培训计划等，以确保项目顺利执行。

（4）经济可行性。从资源配置的角度，衡量项目的价值，评价项目在实现区域经济发展、有效配置资源、增加供应、创造就业、改善环境等方面的效益。

［**案例 5-2**］

A 公司斯里兰卡 350MW 燃气电站投资经济可行性研究

斯里兰卡 350MW 燃气电站项目厂址位于西部省加姆珀哈的克拉地区，科伦坡市中心以北 12km，距离科伦坡港约 8km。项目工期为 2 年，拟从 2022 年 3 月份开始建设，至 2024 年 3 月份完工。项目采取租赁土地方式，租金共 300 万卢比（约 10 万元人民币）。

A 公司已与锡兰电力局签署为期 25 年的购电协议，电价包含容量电价与电量电价，容量电价部分固定支付。同时，与锡兰石油公司签订燃料供应协议，柴油通过 800m 直埋管道从临近储罐输送至电厂。斯里兰卡政府为电力购买及燃料供应义务提供担保。

项目部通过对斯中关系、当地电力市场、项目详细情况、经济评价及风险应对措施等多方面深入研究，认定投资环境有利，电力行业前景广阔，该项目具备较高投资价值。

综上，A 公司投资斯里兰卡 350MW 燃气电站项目经济可行、能大幅缓解斯里兰卡国家的供电紧张形势，能让投资者和项目参与各方获得良好经济回报及较高的社会效益，投资建设是可行的。

（5）社会可行性。分析项目对当地社会的影响，包括经济发展、就业增加、法律道德、宗教民族、妇女儿童及社会稳定性等。

（6）风险因素及对策。对项目的市场风险、技术风险、财务风险、组织风险、法律风险、经济及社会风险等进行全面评价，制定能规避风险的对策。在斯里兰卡开展投资、贸易、承包工程和劳务合作过程中，需特别注意在事前调查、分析、评估相关风险，事中做好风险防控等工作。境外投资项目可行性评估报告框架见表 5-4。

表 5-4 境外投资项目可行性评估报告框架（参考）

1. 总论	5. 项目经济效益估算
2. 项目实施必要性分析	5.1 投资估算依据
2.1 项目宏观背景	5.2 项目总投资估算
2.1.1 宏观政经概况	5.3 项目收益估算
2.1.2 宏观政经形势判断	5.4 财务评价
2.2 项目必要性	6. 项目组织机构与运作模式
2.3 项目必要性结论	7. 项目实施进度方案
3. 项目实施可行性分析	8. 风险与规避措施
3.1 宏观政治经济条件对项目形成有力支撑	8.1 风险因素识别
3.2 地区产业经济环境有利于项目实施开展	8.2 风险影响程度评价
3.3 项目拟选址已初步具备项目实施条件	8.3 风险规避措施
3.4 结论	9. 结论与建议
4. 项目实施方案	9.1 可行性研究结论
4.1 建设规模与内容	9.2 项目实施关键建议
4.2 产品方案与产值预测	9.3 专家意见
4.3 项目技术方案	—

二、第二阶段：建设准备

（一）工程项目招投标

1. 斯里兰卡招投标主管部门

斯里兰卡工程项目招标活动由各政府部门如道路发展局、电力局、铁路局等（政府投资项目）及相关企业（私营项目）负责，具体的主管部门可能会根据项目的性质和规模有所不同。

2. **招标信息获取**

在斯里兰卡承揽工程项目，获取信息主要来源于两种渠道：一是斯里兰卡业主单位通过当地媒体或其官方网站发布的招标通告，二是当地雇主发出的邀请。此外，全球招标网站如 Global Tenders 等可提供最新的斯里兰卡招标和征求建议书信息，涵盖了包括建筑在内的所有行业的招标信息。

3. **招投标程序**

在斯里兰卡开展工程承包的程序如下：

（1）通过斯里兰卡业主单位在当地媒体或其官方网站发布的招标通告或当地雇主发出的邀请获取信息；

（2）在指定时间去指定地点购买招标文件；

（3）标前查看场地、标前澄清或答疑；

（4）准备投标文件（技术、商务等）；

（5）在投标截止日期前提交投标文件；

（6）技术评标委员会评标，出具评比意见；

（7）技术评标委员会的评比意见交内阁投标委员会批准和审核；

（8）授标。

若项目资金来源于私人或民间，项目投标和竞标则取决于私营业主的程序和规定。

4. **政府采购**

斯里兰卡政府采购的主体包括各级国家机关、事业单位和团体组织等，设有国家采购贸易委员会负责制定采购细则、指导手册，监控采购事宜实施等。

根据采购金额不同，政府采购组织划分为六个等级：内阁任命采购委员会、常务内阁任命采购委员会、部委采购委员会、部门采购委员会、项目采购委员会、区域采购委员会。

采购资金为财政（拨款、自有或融资）资金。采购对象为货物、工程、服务、信息系统。每个部委均有一个为期三年总采购计划，各采购实体按照总采购计划在每个财政年内制定具体采购计划并获得相应部委的常务秘书批准，进而发布采购通知。财政部是其中最重要的采购部门。采购方式分为招标采购、有限竞争招标、竞争性谈判等。

点评：

斯里兰卡的政府采购领域年度开支规模高达数十亿美元，通过电子政府采购平台（EGP）实现了流程的数字化，旨在提升效率。尽管 EGP 引入旨在简化程序，然而，该体系在采购透明度方面仍面临挑战。回顾 2022 年，斯里兰卡政府在基础设施建设和医疗健康这两大关键领域，签发了价值超过 3000 亿卢比的合同，这一举动凸显了对国家发展重点的支持。不过，体系内部存在的集中化控制倾向且公开竞争不足，这些问题不容忽视，可能影响到资源配置的公平性和效率，突显出改革和增强透明度的迫切需求。

（二）工程合同

1. 工程合同的作用与意义

合同是交易参与方之间权利、义务和责任及风险分配载体，是当事人之间的“法律”，境外商事主体都十分重视交易文件，特别是合同文件的起草和谈判工作，做到交易文件的严谨、规范，保护己方利益。相对来说，我国企业对于交易文件的设计和管理较为粗放，对合理利益的争取力度不够，所面临的合同风险更大。

在签订合同的时候，如招标文件中没有相关约定，中企特别需要慎重考虑所签合同模板的选择。在国外签订工程合同，合同示范文本一般来自三个方面：第一，国际上的通用合同示范文本，如FIDIC公布的合同；第二，中国自己的工程合同示范文本；第三，所在国，包括业主方的工程合同示范文本。

点评：

中资企业赴斯里兰卡承包工程必须全面了解相关的法律法规，并严格遵守。在实际操作过程中重视合同签订，明确双方的权利义务，工程建设的工作范围及标准、质量、工期、合同形式及货币、支付方式及付款条件、保函要求、误期罚款、性能指标罚款、税收、保险、设备材料的交货方式、劳务国籍限制、产品标准认证等重要条款，严格按合同条款办事。如对方违反合同条款，应利用相关法律法规维护自身合法利益。

在进行国际合同评审时，须组建专业的合同评审小组，从头到尾仔细审核合同所有的相关条款及所有附件，避免遗漏任何潜在的风险。尤其是大多数国际合同签订所使用的语言为业主所在国家的语言，尽可能地用原合同版本语言进行逐条解析和评审，确认无误后再进行合同的翻译。在聘请专业翻译公司或者专业翻译人员进行翻译时，必须配备懂专业的技术、法律等相关人员进行配合，不仅要避免在翻译过程中由于懂语言不懂技术产生较大的歧义，也要避免由于不同语种语言对于专业词语定义范围的不同产生纠纷。

针对合同金额较大的国际EPC（设计–采购–施工总承包）项目，各经营单位应合理评估自身管理水平，必要时可外聘具备充足海外经验的国内律所或项目所在国的当地律所，协助参与合同文本的评审，以提高评审效果。

中国对外承包工程商会为规范国际承包工程项目中中国企业间分包合同，合理分配风险，维护当事人的合法权益，于2019年制定了《国际工程分包合同示范文本（2019年第1版）》，供中国总承包工程企业与中国分包工程施工企业、设计咨询公司、安装工程企业、设备和材料供货商在国际承包工程项目中使用。具体包括：

（1）《施工分包合同条件（适用于单价分包合同）》；

（2）《施工分包合同条件（适用于总价分包合同）》；

（3）《安装分包合同条件》；

（4）《设计分包合同条件》；

（5）《采购合同条件》。

2. 斯里兰卡承包工程合同

就斯里兰卡的工程行业而言，标准合同格式在确保项目按时、按预算、按要求的质量标准交付方面发挥着至关重要的作用。这些标准化合同规定了参与项目的各方（包括业主、承包商和分包商）之间的条款和条件。

在斯里兰卡，工程行业通常使用以下几种标准合同形式。这些合同格式通常由专业组织或政府机构制定和发布，以确保整个行业的一致性和清晰度。

一是FIDIC合同。FIDIC是国际上最有权威的被世界银行认可的咨询工程师组织。FIDIC下设许多专业委员会制定了许多建设项目管理规范与合同文本，已为联合国有关组织和世界银行、亚洲开发银行等国际金融组织以及许多国家普遍承认和广泛采用。在斯里兰卡，最常用的FIDIC合同是红皮书。

二是建筑业发展局（CIDA）合同。CIDA是负责发展和促进斯里兰卡建筑业的政府机构。CIDA 为不同类型的建筑项目制定了若干标准合同格式，包括《CIDA/SBD/01 标准招标文件-工程采购》《CIDA/SBD/02 标准招标文件-主要合同》《CIDA/SBD/04 标准招标文件-设计和建造合同》等。

三是英国联合合同委员会（JCT）合同。JCT 是一个总部设在英国的组织，它为工程行业制定了多种标准合同形式。JCT 合同在斯里兰卡并不常用，但在涉及国际资金的项目中可能会使用。

总之，标准合同格式在斯里兰卡工程行业中发挥着重要作用。业主和承包工程企业必须熟悉斯里兰卡现有的各种标准合同格式，以确保项目顺利交付。

[**案例** 5-3]

2008 年 4 月，中国某公司（工程承包商）与斯里兰卡城市发展局签订了承建城市排水管道项目的合同。该项目由亚洲开发银行出资，合同金额约 720 万美元，原合同工期 530 天，咨询工程师来自英国一家知名公司，项目采用 1999 年 FIDIC 施工合同条件。在该项目的施工过程中，非政府武装组织爆炸行动日益猖獗，日常生活物资价格持续上涨，港口工人罢工造成施工材料供应短缺，施工时还挖出公元前古代王朝建筑遗址，各种状况层出不穷，最终使该项目工期拖延了一段时间。如果不能成功进行工期索赔，中国公司将被罚款。

为了保护承包商的利益，FIDIC 施工合同条款第 8.4 条专门提到在遭遇特定外部因素影响时，承包商有权按照第 20.1 款“承包商的索赔”的规定，提出延长竣工时间：合同条款变更、显著工作量增减，或特定合同条件下的延期权利；极端气候影响；疫情、政策因素导致的人员物资短缺；以及业主方、关联方引起的任何延误或干扰，均构成承包商申请工期延长的合理依据。

斯里兰卡项目在执行过程中相继遇到了上述几项内容的部分情况，中国公司以此为依据共递交了8个工期索赔报告，累计索赔工期280天，工程师和业主实际批准183天，避免了项目因工期拖延而被罚款。

点评：

参与国际工程的市场竞争，中资企业不但要提高技术和管理水平，还要研究合同条款，在符合条件的情况下做好索赔工作，维护自身利益。

（三）承包工程资质及工程许可

1. 中国对外承包工程资质

现在我国对外承包工程的相关国家规定是《对外承包工程管理条例》（2017年修订版）。修订版中将原来《对外承包工程管理条例》第二章“对外承包工程资格”全部删除。这意味着民营建筑企业与央企一样，不再受对外承包工程资质的限制。

根据2017年修订的《对外承包工程管理条例》第十六条规定，对外承包工程的单位与境外工程项目发包人订立合同后，应当及时向中国驻该工程项目所在国使馆（领馆）报告。

根据对外承包工程项目备案管理规定，在境外工程项目投（议）标前，中企需要向国内商务主管部门办理项目备案手续；在订立合同后，及时向中国驻斯里兰卡大使馆经商处报告。报告须书面提交项目具体信息，包括但不限于项目名称、金额、资金来源、业主、地点、签约日期、开工日期、工期、项目内容、中外员工数量等，并附《对外承包工程项目备案表》，对于未按规定进行报告的，记入负面清单。

2. 斯里兰卡承包工程资质

（1）主管机构和法律文件。

2014 年 10 月 17 日，斯里兰卡政府颁布了《建筑业发展局法》（2014 年第 33 号），根据该法，斯里兰卡成立 CIDA。CIDA 是工程建设企业资质的注册管理部门，该部门针对斯里兰卡国内开展建筑工程的承包工程企业设立了资质申请程序，但是尚未开通针对外资承包企业的资质申请程序，外资企业可以沿用所在国资质在斯里兰卡开展业务，但需在 CIDA 获得临时注册证书。

《建筑业发展局法》对斯里兰卡建筑行业管理机构、建筑业发展基金、管理机构从业人员资格、承包商、房地产开发商的注册、建筑行业技术审核、争端解决，以及建筑行业信息的收集、处理和分配等有着非常明确和详细的规定。

斯里兰卡通过中央注册计划规范承包工程企业的资质等级划分和注册要求。早先，斯里兰卡采取多样化的标准来登记承包工程企业，但为规范程序并维持一致性，政府自 1989 年起实施了中央注册计划，这一举措旨在集中管理承包商的注册事宜。此计划历经数次修订，分别在 1993 年、1995 年及 2008 年进行了重要更新，现由 CIDA 负责执行与监管。

该注册及分级体系旨在通过严格的标准甄别承包商，确保它们具备执行各类型和规模工程项目的能力。评估过程侧重于企业的财务稳定性、技术人员与机械装备的专业水平，以及其在相关领域的实践经验。起初，企业依据财务状况被划分为十个等级，标识从 M1 到 M10。2008 年的改革中，“M”等级体系被调整为 C1 至 C10 的分级，更侧重财务标准。随后，在 2015 年的最近一次修订中，又推出了一个新的分级系统，即 CS2 到 C9，进一步优化了对承包商能力和资格的分类方法。

截至 2024 年 4 月，已有超过 2500 家承包工程企业在 CIDA 注册。

（2）斯里兰卡承包工程企业注册。

①适用范围。在斯里兰卡根据《公司法》在公司登记处或在省秘书处注册的从事建筑/土木工程、机电、打桩和专业施工业务的承包工程企业，斯里兰卡国民至少拥有 51%的所有权。

②注册有效期。一旦获得批准，注册有效期为 3 年，此后每年需要更新。

③承包工程企业注册等级及财务限额。承包工程企业注册的财务限额设定是为了适应建筑业的现状。评估承包工程企业等级的“积分制度”也进行了相应调整。具体的《承包工程企业评级指南》可在 CIDA 网站信息中心付费下载。

（3）外国承包工程企业注册。

根据《建筑业发展局法》第 39（1）款的规定，外国承包工程企业在斯里兰卡从事任何确定的建筑工程承包之前，应在 CIDA 获得承包企业临时注册证书。2018 年 8 月 2 日第 19 号《特别公报》规定了此类注册和续期的程序。根据《建筑业发展局法》第 39（2）款，除非外国承包工程企业在 CIDA 注册，否则任何人不得在任何已确定的工程项目中聘用该承包工程企业。

外国承包工程企业临时注册证书是允许进行该证书中所确定的工程项目的许可。外国承包工程企业作为主要承包商或分包商、合资伙伴、财团伙伴的注册证书的有效期应在提交的工程报价书中注明（从开工日期起至缺陷责任期满为止）。

如果由于各种原因导致项目竣工日期延长，承包商应在注册证书有效期届满后14天内向CIDA申请延长注册证书的有效期。如果合资企业、财团或分包合同涉及当地承包企业，则只有外国承包企业部分需要获得临时注册。

外国承包工程企业的注册费为合同价值的0.01%，并以美元或当地货币支付从项目开工之日至缺陷责任期满之日计算的相应税费（增值税等）；注册费应在注册时支付。

如申请资料符合规定，申请人会在提交申请后一周内接到通知。

项目完成后，承包工程企业须向CIDA提交一份项目竣工证书的副本，以供备案。同样，工程变更和争议、终止也应及时通知CIDA。

3. 斯里兰卡工程许可要求

在斯里兰卡进行工程项目时，需要获得多种许可证，包括：建筑许可证、开采许可证、环境许可证、贸易许可证、采砂许可证和取土许可证以及从相关政府机构获取的公用事业许可证（包括供水、电力、污水和电信等）。在申请许可证时都要经过检查，而且在施工过程中相关政府部门都会不定期进行抽检。

（四）工程规范和设计标准

1. 斯里兰卡标准体系机构

斯里兰卡标准协会（SLSI）是斯里兰卡的国家标准化机构，其前身是依据斯里兰卡1964年第38号会议法案成立的锡兰标准局。1984年，根据斯里兰卡第6号法案，锡兰标准局更名为斯里兰卡标准协会，隶属国家科学技术署，并由该法案指定的委员会管理。SLSI的主要职责是承担、推动和促进标准化、计量、质量管理及相关活动。

斯里兰卡标准的制定、修订和审查主要由SLSI的科学标准部和工程标准部负责。科学标准部由农业、食品、化工和化妆品以及纺织品和服装部门组成，各个部门负责所属领域的标准化工作。

工程标准部主要负责国家工程标准方面的工作，包括了电气与电子工程部、机械工程部和土木工程部，涉及领域包括信息技术、电器能效标识、建筑维修和工厂活动。工程标准部还积极参与产品认证管理。除此之外，工程标准部也与如下其他机构共同探索并推动国家标准的制修订与实施：与斯里兰卡建筑业发展局共同制定土木工程标准测量方法，与劳工部共同制定锅炉及其他压力容器国家标准，与可持续能源管理局共同制定电器能效等级标准，与石油部共同制定润滑油国家工业标准。

2. 斯里兰卡采用工程标准

斯里兰卡工程质量标准主要执行英国标准，也可适用国际公认的欧美标准，例如针对建筑结构，非抗震设计以英国标准体系为主，抗震设计以澳大利亚标准体系为主，辅以欧洲标准和美国标准。个别项目合同规定可使用中国标准，但应符合国际标准要求。

总体来说，斯里兰卡本国的工程建设标准体系尚未建立。目前，工程标准部与其他机构共同探索并推动国家标准的制修订与实施，并取得一部分成果。

点评：

为确保斯里兰卡的建筑环境更加安全、抗灾能力更强，斯里兰卡已将制定统一的建筑规范确定为优先事项。因此，建筑业发展局、国家建筑研究组织和城市发展局将与利益相关方协商，领导建筑规范的制定工作。世界银行为建筑规范的制定过程提供了技术援助。主要专业机构的磋商方案于2023年5月18日在国家建筑研究组织礼堂成功举行，各方代表参加了磋商。但截至2024年4月底，建筑规范尚未出台。

[案例 5-4]

位于斯里兰卡首都科伦坡市区的莲花塔是由中企设计并建造的南亚第一高塔，是斯里兰卡的新地标。塔高 350 米，分为塔座、塔身、塔楼三个部分，工程总建筑面积近 2.7 万平方米。该工程是我国第一个在国外采用中国标准设计和建造的电视塔项目。2012 年奠基，2018 年 5 月完工。

斯里兰卡最初没有自身的高层建筑标准和数据。为了收集相关数据，设计承包商中国广播电影电视设计研究院派出一个团队赴斯里兰卡，收集气象数据、地震数据和土样等，为斯方留下了重要资料。

施工开始后遇到的首个难题是施工标准不同造成的冲突。斯里兰卡一般都参考欧美标准，这与中国标准不一致。比如塔座需要浇筑的混凝土框架柱，中国工艺是一次性浇筑一根 5 米框架柱，但斯方依照英国标准要求，一次只能浇筑 2 米。中方作出示范样板，顺利通过了各项工艺检测，让对方心悦诚服。这不但帮他们提升了浇筑工艺，也完善了浇筑标准。

中国诸多新工艺填补了斯里兰卡多项国家标准的空白。比如，塔身底板大体积混凝土施工，4200 立方米混凝土 48 小时一次性浇筑完成。中国企业采用塔体竖向施工新工艺、液压爬模工艺、高层施工垂直度测量控制工艺等，而这些工艺标准大部分转化为斯里兰卡国家标准。此外，中企根据电视塔工程的设计经验，制定了莲花塔室内空调设计参数，得到斯里兰卡咨询监理团队的认可，丰富了其环保标准。

随着工程的推进，斯里兰卡不断修正和调整超高层建筑标准，最终形成适合的超高层建筑标准规范。

(五) 工程项目设计与项目计划

工程设计成果直接决定着项目约80%的成本，而且设计又位于项目执行的最前沿，其重要意义不言而喻。伴随着我国企业逐步走向海外，企业自身设计管理存在的问题日益凸显，设计图审批往往会遇到技术标准不统一、设计理念不一致、计算参数选择理解不一样等诸多问题，必然会导致设计进度大大延误。设计管理在整个工程建设环节中起着至关重要的作用。

在斯里兰卡承包工程，在开展设计时需要：

第一，事前了解斯里兰卡的相关设计规定和标准，明确设计规范，在合同谈判阶段尽可能争取中方熟悉的设计标准。拟采用的设计标准和规范应在合同文件中明确规定，并且要就标准的版本、技术清单与业主方进行沟通确认。如果合同文件中没有相应的标准、规范清单，则应在设计正式启动前，由项目公司/项目部组织编制一份设计采用的标准、规范清单，并送业主确认后发布执行。

[**案例** 5-5]

斯里兰卡南部高速延长线项目位于斯里兰卡南部省汉班托塔区，北起斯里兰卡第四大城市马特拉，与已建成通车的南部高速相接，南至汉班托塔港。该项目采用EPC总承包合同模式。第二、第三标段的总承包商为中国建筑股份有限公司，中交第二公路勘察设计研究院有限公司承担勘察设计任务，中建三局和中建六局承担施工建设任务。

根据项目合同文件以及业主函件要求，项目采用了英国、美国、澳大利亚和斯里兰卡4个国家的规范标准。由于项目设计规范体系复杂，导致指标取值冲突，在设计管理初期给项目组造成较大困扰。

项目组一方面针对现场，组织全员进行规范理论学习，提升对其原理的掌握和过程设计能力，做到灵活运用，并通过业主和监理明确各种规范标准的具体适用范围；另一方面充分利用国内现有研究成果和技术储备，对标准进行融合，同时运用中国标准进行验证，对关键性指标进行研究论证，形成适用于该项目的技术标准。

[**案例** 5-6]

斯里兰卡普塔拉姆燃煤电站的建设实践表明，中国的设计及工程标准不仅符合国际标准，甚至在某些方面更高。但中国标准缺乏官方英文出版物，且一些厂家英文文件质量有待提高。因此，中方企业在项目执行中投入大量资源，通过严格施工、积极沟通培训，使业主和咨询公司逐渐认识并接受中国标准。随着项目推进，斯方在二期合同谈判中已完全同意采用中国标准，推动了中国标准走向世界。

点评：

作为中国企业，采用中国标准可以降低项目投标报价，并在项目执行中更好地进行成本、进度、质量等各方面控制，更有利于项目完成，实现盈利。但由于海外业主方和咨询工程师对中国标准不熟悉，中方需要投入更多资源与业主方进行沟通、解释，通过培训、实地考察等多种形式让业主认识中国标准，并最终凭借过硬的质量，让业主认可和接受中国标准。

第二，业主方明确的要求和翔实的现场资料是开展设计的基础。在斯里兰卡，业主一般不针对任何地质调查、报告或文件的准确性或完整性进行任何声明或保证。开展设计前，务必做好设计前的调查，确保相关资料的准确、完整，注意对业主所提供的资料进行审核，确认现场条件勘探的时效，避免后期索赔。

第三，调查斯里兰卡当地的物资供应条件。在满足规范及使用要求的情况下，尽可能使用当地能便利采购的材料和施工机械。

第四，考虑当地的使用环境。斯里兰卡当地的使用环境和我国国内常规项目有很大的区别，在考察时应充分掌握当地情况，设计过程中要充分了解工程所在地的各种条件，将设计方案和当地自然条件和风土人情融为一体。

第五，加强与业主的设计沟通，重视语言学习以更好地与业主沟通，准确理解业主意图，加快设计图报批。

（六）建设设备及材料的采购及运输

国际项目的物资管理包括采购、集港发运（报关）、国际物流及项目所在国清关、内陆运输、现场储管等一系列事务，是工程管理的重要组成部分，与工程项目建设全过程有着密切的联系。根据国内外工程项目合同价款构成分析，设备、材料在总合同价款中所占比例一般都将达到50%~60%。国际项目施工物资种类繁多、质量标准规范复杂，对成本和到场时间要求严格，且由于工程周期长、运输路途远，更见其物资管控的重要性。

1. 设备及材料采购

工程中的采购策划是整个项目的关键环节，构成项目执行的物质基础和关键。规范的项目采购要兼顾经济性和有效性，从而达到有效降低项目成本、促进项目顺利实施和按期完成的目的。

采购工作要与设计紧密结合，确保选购产品的制造标准、材料标准符合设计要求，采购部门根据初步设计出具的图纸和技术资料等，可先咨询各类供应商、厂商，在满足物资技术质量安全可靠的同时，从经济角度对其进行优选。尤其是涉及定制的机械设备、电仪控制成套设备等，在其功能实现、品牌以及材料的选用上，提出合理化的建议，并将性价比高的物资的技术和验收等条件反馈给设计师，进行深化融合，达到降本增效的目的。

由于斯里兰卡政治经济情况的特殊性，斯里兰卡国际工程采购也表现出一定程度的特异性。斯里兰卡工业基础相对薄弱，侧重轻工业，由于本土生产能力有限，特别是对于复杂的工业设备和专业建筑材料，斯里兰卡不得不从国际市场广泛采购所需物资。

对于中资企业而言，对于钢筋、水泥等大宗建材，本地采购成为首选，但当地的建材市场规模小，且供需双方的信息高度不对称，导致中国承包工程企业询价困难、供货质量难以保障，常常遭遇质次价高的情况。此外，由于当地产能的缺乏和价格的差异，大型设备和机电材料等资源更适合国际采购。

点评：

斯里兰卡的工程建设项目通常需要向当地、中国及第三国进行物资采购。由于供应商之间在政策环境和生产环境上存在差异，项目在考虑多个供应商产品质量和价格的基础上，需要按照各个国家的标准来进行审查。最终采购的物资可能与合同规定的标准不符，当购买的材料没有达到合同的标准时，则需要重新选择供应商进行采购。这种现象不仅会造成成本上升，还会导致工程延期。

2. **物流管理**

境外投资建设项目采购和物流管理尤为重要，尤其是投资体量大的项目，物资需求量巨大，货物运输过程涉及制造、加工、验收、适运包装、长短途交货运输、装卸、集港、订舱、装卸船、海运、理货、检验、出口报关、保险、出口退税、贸易单证、目的地国清关等诸多环节，时间跨度大、跨境距离远、影响因素多，加之台风、海外政商环境、人文环境、国际政治环境、流行疾病等多项不可控因素影响，发生风险的概率非常大，物流成本比国内项目高很多。为此，项目需要成立专业化物流管理团队，制定采购、物流总体方案，统筹规划、统一协调管理项目所有相关方物资采购与物流工作，形成制造、催交、包装、物流、仓储、现场、接卸等环节一体化管控。

建议物流方案包括国内外物资集散方案、海陆空运输方案、大件设备运输方案、物流操作流程和应急预案，统一组织项目集港、船舶安排、码头、装卸、清报关等物流环节工作，根据工程建设进度计划组织发运，并在物流管理上采取以下措施：

（1）选择有经验的物流代理商。对超大物流量的项目应选择两家或以上有广泛的全球货运网络、丰富的国际工程物流人力和设备资源、成熟的工程物流管理经验、雄厚的财力支持等软、硬实力的物流供应商，与多家外贸港口建立伙伴关系，为工程高峰期大量物资发运奠定基础，降低物流风险。

（2）在采购合同中明确交货条件。一是确定多个有效装运港，以便交货时根据物资生产和货量情况、港口和船期等因素来选择最终装运港，避免实际发运时由于港口、船期等衔接问题而产生争议或额外费用，影响物资发运；二是在采购和物流合同中明确大件吊装、自卸鞍座的匹配、船型选择、大件设备本体绑扎等特殊运输要求；三是划分因设备出厂延误、船期延误导致的滞港、亏舱或者滞期等问题时的责任；四是对无外贸出口经验的设备材料供应商提前指导货物出口准备和手续办理。

（3）动态管理物资发运计划。重点关注大件物资发运计划执行，建立物流问题反馈和纠错整改机制，及时调整计划。

(4) 统一项目物流管理体系。明确发运申请、集港、订舱、装卸船和交货流程、紧急物资申请和发运流程和责任界面，统一调配物流资源和运力匹配。

(5) 采取灵活、便捷的运输方式。对于精密仪器或贵重设备、危险品，可根据重量、危险级别、紧急程度，优先考虑航空运输或集装箱海运，以确保安全；材料、设备采用搭配组合散杂货船发运方式，对不便配载散杂货船的物资采用集装箱或拼箱、中转等多种方式发运，合理安排船舶运力。

(6) 超大件设备专门制定发运方案。超大、超重、超长、超高等大型设备应根据大件设备的具体情况专门编制物流发运方案，并确保每个节点按照方案实施，确保发运安全。

(7) 明确跨境物资物流包装要求。由于跨境海运需要多次装卸，同时受到同船物资堆码积压、台风等恶劣天气影响，包装是物资安全的重要保证，需要制定统一的物资包装规定。针对特殊物资或大件设备，需要制定专门物流包装方案。

(8) 制定物流应急预案。海外项目工程物资跨境物流具有相当大的不可控风险，极易发生突发情况。应基于各种不确定风险，对物流各流程环节进行风险评估，包括供货中断风险、运力不足风险、经济环境风险、政治环境风险、恶劣天气风险、货差货损风险等，针对各类风险问题制定物流应急预案和规避措施，同时完善供应链全程的保险方案、保险索赔方案。

斯里兰卡作为一个印度洋岛国，因其战略性的地理位置，成为连接东西方贸易的重要枢纽。近年来，斯里兰卡在基础设施与物流体系上的迅猛发展，特别是港口与道路交通网络的现代化改造，极大促进了国内外工程项目物流的顺畅运行。

斯里兰卡拥有多个深水港口，其中最重要的是科伦坡港和汉班托塔港。这些港口是进出斯里兰卡工程项目物资的主要门户，能够处理大量集装箱和散货运输。一方面，科伦坡港作为区域性的转运中枢，凭借其广泛的国际航线网络，为大宗物品及巨型工程设备的国际运输提供了便利。另一方面，汉班托塔港在近期经历了显著的成长，尤其在中国的大力投资下，转型为一个重大的物流与工业集聚区，特别适合处理大型工程项目所必需的重型机械与大量建材的进出。与此同时，斯里兰卡持续改善其国内的公路网络，例如外环高速公路项目的建设，提升了货物从港口到内陆工地的运输效率。

2023 年 4 月 21 日，世界银行发布了最新版物流绩效指数报告，即《连接竞争：全球经济中的贸易物流》（第 7 版），斯里兰卡的物流绩效指数得分为 2.8，在 139 个国家和地区中排名第 73 位，具体指标中，海关绩效排名 84 位，基础设施质量排名 89 位，国际出货量排名 75 位，物流服务质量排名 81 位，跟踪和追踪能力排名 65 位，运输及时性排名 59 位。

从物流绩效指数及其相关指标排名来看，斯里兰卡的物流运输情况存在诸多需要改进的地方。特别是海关绩效、基础设施质量、物流服务质量等方面，需要加大投入和改革力度，以提升斯里兰卡的物流绩效。同时，斯里兰卡可以利用其地理位置优势，加强与其他国家的贸易合作，扩大国际出货量，促进物流运输的发展。此外，加强信息技术和数字化手段的应用、提高物流运输的智能化水平，也是提升物流绩效的有效途径。

2023 年 4 月，中国招商局港口控股有限公司、斯里兰卡港务局和当地一企业在科伦坡正式签署南亚商贸物流中心项目协议，共建南亚区域现代化多功能物流中心。南亚商贸物流中心项目位于科伦坡港内，总投资 3.92 亿美元，是按 BOT 模式投资开发的临港多层仓储物流项目，将开展进出口拆装箱、保税仓储、自由港业务、仓库租赁和临港商贸物流等业务。

南亚商贸物流中心项目的签署意味着斯里兰卡正致力于打造现代化多功能物流中心，这将极大提升工程项目的物流服务水平，包括仓储、分拨、清关等一站式服务。

（七）斯里兰卡工程成本

1. 电价

斯里兰卡采取差异化电价政策，依据用户类型设定电费标准，主要分类涵盖居民用户、工业用户、经斯里兰卡旅游发展局注册的酒店行业、政府部门及公共机构（含教育机构、公立医院等）和宗教机构。电费计算采用两种机制，即阶梯电价制度与分时计费法，旨在合理分配用电成本。值得注意的是，无论采取哪种计费模式，用户还需承担固定的附加费用。

斯里兰卡公用事业监管委员会于 2024 年正式核准了一项电费调整方案，旨在通过下调电费费率来减轻用户负担。此番调整后的电费新标准于 2024 年 3 月 5 日起正式执行。这一系列调整不仅响应了民众与企业对电力成本控制的期待，也体现了政府对提升公共服务效率和公平性的持续努力。

2. 水价

斯里兰卡实施阶梯式水价，并根据用户类别设立不同的供水价格标准和服务费。斯里兰卡政府自 2023 年 8 月 1 日起提高水费。

3. 油气价格

锡兰石油公司从 2024 年 1 月 1 日起，调整燃油价格。调整后 92

号汽油价格为每升366卢比，95号汽油价格为每升464卢比；柴油价格为每升358卢比；超级柴油价格为每升475卢比；煤油价格为每升236卢比。

Litro液化石油气公司从2024年4月1日起，将12.5千克国产液化石油气钢瓶的零售价调整为4115卢比；5千克国产液化石油气钢瓶的零售价调整为1652卢比；2.3千克国产液化石油气钢瓶零售价调整为772卢比。

4. 劳动力价格

斯里兰卡《工人最低工资标准法案》（2021年第16号修正案）规定，不论从事何种生产或服务的工人，其最低工资标准为12500卢比/月或500卢比/天。

点评：

2024年3月，斯里兰卡内阁批准了将全国最低工资提高5000卢比，从12500卢比提高到17500卢比，将最低日薪从500卢比提高到700卢比的提案。截至2024年4月25日，该提案尚未生效。赴斯里兰卡开展经营活动的中资企业需密切关注该国劳工政策变化，遵循当地法律法规。

5. 土地及房屋价格

2022年，斯里兰卡首都科伦坡地区工业厂房每年租金为60~200美元/平方米，居住用房屋每月租金为别墅1000~5000美元，豪华公寓（设施齐全，有物业管理，三居室）每月租金为1000~5000美元，商业用房屋每月租金为500~10000美元。

首都科伦坡地区工业厂房销售价格为200~800美元/平方米（不含土地价），住宅销售价格为900~5000美元/平方米。

首都科伦坡商业用地销售价格为1500~7500美元/平方米。

6. 建筑成本

斯里兰卡建筑材料的价格一直处于动态变化中，不仅受所需设备物资的供货周期影响，还受运输便捷程度影响。因此，采购建筑原材料时应注意制订分类物资的采购计划，提前做好适当准备，做到有备无患。

三、第三阶段：建设实施

（一）劳动用工

斯里兰卡劳动力资源丰富，原则上严格限制外籍劳务人员在斯里兰卡工作。除承包工程的项目或外资投资项目协议特别规定外，其他领域基本上不允许雇佣外籍劳务人员。

斯里兰卡在用工方面应注意以下内容：

（1）外国人赴斯里兰卡工作，必须获得相关部门签发的工作许可证，并确保相关证件在有效期内。

（2）严格遵守斯里兰卡相关劳动法律规定，依法用工，依法纳税。派出劳务人员前，应全面、详细、如实地向其介绍斯里兰卡相关情况、工作和生活条件以及工资待遇，签订劳务派遣合同，并建立劳务纠纷和突发事件应急预案。

（3）斯里兰卡的工会势力颇为强盛且活跃，它们大多与特定政党有着千丝万缕的联系。在该国的所有工程项目中，未经工会的审查与同意，承包工程企业单方面执行的解雇决定不具备法律效力。因此，中企应主动与工会建立积极的沟通渠道，通过对话与合作来预先化解可能引发的风险。

(4) 注意劳工的“本地化”要求，中企要尽可能雇佣斯里兰卡劳工。

(5) 中国赴斯里兰卡的劳务人员应尊重当地的文化、宗教、风俗和生活习惯，本着和谐相处、互利共赢的理念，与当地民众和谐相处。同时，要增强安全和防范风险意识，注意规范言行、避免激化矛盾，以免给自身工作和生活带来安全隐患。遇到问题时，务必依法维权，切勿采取过激行为，以免因违法而陷于被动。

（二）工程质量

斯里兰卡对工程质量的监管要求及合规规定主要体现在以下几个方面。

1. 标准与规范

斯里兰卡工程质量标准遵循国际和本地的标准与规范，例如，采用英国标准或欧美标准，同时也执行斯里兰卡特定的标准与指南。项目的质量控制程序以招标文件、标准规范、施工图等为基础，因此，应妥善维护投标阶段的工作质量和标准。

2. 工程质量管理体系

斯里兰卡建筑业发展局要求注册承包商遵守并致力于持续改进质量管理体系（ISO 9001：2015），确保工程项目从设计、施工到验收的全过程均符合该质量标准。如果所建设的工程无法达到要求的效果，应立即通知监理工程师。在有争议的情况下，工程质量是否符合标准或工程合格与否完全由监理工程师决定。

3. 认证与许可

整个建设过程需遵守斯里兰卡的相关法律法规，包括获得必要的审批、许可，并接受政府相关部门的监督。

4. **监理制度**

业主会委托专门的建设监理机构对工程质量进行严格监督。监理机构或第三方监理单位需对施工过程中的各项活动进行审查和控制，确保工程质量符合合同约定及国家法规要求。监理按单位工程、分部工程、分项工程、单元工程、检验批次等方式对项目进行验收。对于重要隐蔽工程、检验试验、测量、特殊工序等，监理工程师会全程旁站监测。

5. **合规报告与记录**

工程项目必须保留详细的记录和报告，包括但不限于设计图纸、施工日志、质量检验报告、OSH & E（职业安全、健康与环境）管理文件、竣工验收报告等，以证明项目在各个阶段的合规性。

[**案例** 5-7]

斯里兰卡 Kalu Ganga 水库首部工程（简称 K 坝项目）为施工总承包项目，由中国电建承建。K 坝项目部通过雇佣大量当地技术员来进行施工现场全过程监督检查，及时反馈信息，不但加强了与工程师的信息交流，及时了解业主的需求，促进施工进度，而且也大大降低了中方质量管理人员工作负担，对承包商节约管理成本也大有益处。

（三）分包管理

1. **指定分包商**

根据建筑业发展局《CIDA/SBD/01 标准招标文件-工程采购》第 63.4（a）和（b）条，指定分包商是指在合同中声明为分包商的分包商，或者是监理根据第 39 条（变更）指示承包商作为分包商雇佣的分包商。

通常情况下，斯里兰卡业主通过单独的招标或采购流程选择指定的分包商。然后，总承包商与指定的分包商签订分包合同。根据CIDA/SBD/01第63.5条，如果有充分的理由，总承包商可以提出反对，例如被指定的分包商缺乏经验或财务实力不足。一旦接受指定，总承包商对指定分包商的履约承担所有合同责任。根据CIDA/SBD/01第63.6条，总承包商应向指定分包商支付根据分包合同证明应支付的金额。

2. **分包合同**

因为斯里兰卡政府没有发布工程行业的分包合同。在拟定分包合同时，业主通常根据项目的要求，参照FIDIC合同拟定分包合同，目前使用最多的是FIDIC 2011分包合同格式，其次是业主方自行编制的分包合同格式。然而，这种方法存在弊端，可能会引起纠纷。

点评：

斯里兰卡建筑业发展局（CIDA）不强制分包商注册，因此该国大多数分包商都没有在CIDA注册。只有少部分大型分包商在CIDA注册，因为CIDA分级是有资格参与某些大型项目投标的一项要求。中资企业在斯里兰卡承包工程时，尽可能选择已注册的分包商，如果遇到声称未注册但具备相应专业能力的分包商时，需要对其进行细致全面的资质审查。

（四）工程变更和索赔

在出现工程变更事项的情况下，首要是确保承包商与业主之间进行充分的沟通与协商，以便就变更的具体事项达成共识。这些具体事项包括但不限于变更的工程范围、预计的工程量、预期的质量标准、新的工程进度计划以及可能产生的费用调整等。一旦变更内容超出原合同的约定范围，双方应当签订书面的合同变更协议，清晰地界定变更的内容和相关费用。

依据 FIDIC 合同条款的明确规定，承包商在未经监理工程师书面形式的工程变更令许可之前，严禁擅自进行任何形式的工程变更，且无权基于此要求业主支付额外的经济补偿。对于监理工程师未能及时对口头指令进行书面确认的情况，经验丰富的承包商应熟知合同条款，并在口头指令发出后的 7 天内，主动采取书面形式向监理工程师确认该指令，以确保双方对变更事项有明确的记录和理解。

[案例 5-8]

斯里兰卡南部铁路项目马特勒至贝利亚塔段，位于斯里兰卡南部省。项目为 EPC 模式，采用 FIDIC 1999 版黄皮书作为合同通用条款，业主为斯里兰卡交通部，监理为斯里兰卡中央工程咨询局，某中国企业为项目的 EPC 总承包商，负责项目整体的设计、采购和施工任务，包括路基、桥梁、房建、铺轨等工作。由于该项目为斯里兰卡近百年首条新建铁路，业主和监理在铁路建设方面的管理经验缺乏，合同意识不足，协调能力较弱。

斯里兰卡南部铁路项目在执行过程中，受到外界非承包商可控因素影响，如政府更迭、付款延误、路权移交延误、业主增加合同工作内容、业主批复延误、自然不可抗力等。承包商通过工期索赔手段成功获得 4 次工期延长，共计 1029 天。

点评：

斯里兰卡的工程变更与索赔过程强调合同基础、及时沟通和协商解决，同时也展现了在特定情况下具有灵活性和创新性的解决方案的重要性。每个项目的具体情况会有所不同，因此处理方式需根据实际情况和合同条款来制定。

中资企业在进行国际工程索赔时注意以下策略：

（1）精通合同管理：强化团队合同意识，熟谙条款，确保索赔时机与要点的准确把握；熟练索赔流程，按时完成文件准备，确保索赔时效；掌握精准计算方法，基于事实数据合理估算索赔金额与工期。

（2）强化索赔主动性：培养持续索赔思维，对潜在延误因素保持警觉，主动应对；深入了解当地法律、气候、市场条件，预测法律变更影响，评估环境与劳动力风险，适应地方习俗，规避合同风险。

（3）资料收集与证据保存：重视证据搜集，它是索赔成功的核心。日常翔实记录变更、通信及现场情况，利用音像资料、及时信函和同期记录构建完整证据链，确保索赔依据充分，提升胜算。

（五）境外职业安全与健康管理规范

1. 斯里兰卡职业安全与健康监管法律及要点框架

斯里兰卡劳工部下属的工业安全司是该国职业安全与健康监察部门，拥有该国职业安全与健康相关法律的执法权。虽然还有其他一些半政府组织，如国家职业安全与健康研究所、职业卫生司和工业服务局等，但这些组织并未获得适当授权来执行与职业安全与健康有关的法律，它们只开展调查、研究、培训和建议工作。

斯里兰卡对于职业安全与健康管理的监管，主要依据的是该国的《劳动法》里的“职业安全健康以及对劳工的赔偿”“社会保险”“雇主与雇员的劳动关系”等章节，以及《工人赔偿法》《妇女和儿童就业法》等相关法律。尽管具体条款和要求可能随时间更新，以下是一些普遍适用的原则和要点：

（1）雇主责任：雇主有责任确保工作场所的安全与健康，这包括但不限于以下几点。

①提供安全的工作环境，预防工伤和职业病。

②制定并实施职业健康与安全（OH&S）管理政策和程序。

③进行风险评估，识别并控制工作场所的危险。

④提供必要的个人防护装备。

⑤对员工进行安全培训和教育。

⑥建立事故报告和调查机制。

（2）员工权利与义务：员工有权在一个安全健康的环境中工作，同时也有义务遵守既定的安全规则和程序，使用提供的保护设备，并报告潜在的安全隐患。

（3）事故报告：斯里兰卡要求接到事故报告后，直接上级应迅速核实情况，并在规定的时限内向上级主管部门报告。时限要求根据事故的严重程度和影响范围而不同，但一般不得超过 24 小时。

（4）合规与认证：虽然斯里兰卡没有直接采用如 OHSAS 18001 或 ISO 45001 这样的国际标准作为强制性要求，但这些标准中的原则和框架可被用来指导企业建立和改进 OH & S 管理体系。企业可能会选择自愿遵循这些国际标准以提升管理水平并获得国际认可。

（5）处罚与激励：违反职业安全与健康法规的企业和个人可能面临罚款、停业整顿，甚至刑事起诉等处罚。同时，政府可能通过奖励计划鼓励良好的 OH & S 实践。

由于法律法规的具体内容和最新修订可能有所变化，建议直接咨询斯里兰卡劳动部或访问官方发布的最新法规文件获取最准确的信息。

此外，各个行业有其特定适用的法律法规来监管和指导其活动，如针对加工工厂，有《工厂法》(2002 修订)，该法令共 131 条，概述了雇主必须遵守的最低要求，以便为员工提供一个安全的工作场所；如针对矿业部门的《矿山和机械保护条例》等。

[案例 5-9]

斯里兰卡排水隧道项目是由中国石油管道局工程有限公司(简称管道局)在斯里兰卡承揽的首个项目，位于科伦坡市区，是解决当地雨季城市内涝难题的一项市政工程。项目于 2018 年 5 月 31 日签订合同，之后受席卷全球的新冠疫情影响，项目竣工时间延期，于 2022 年 5 月实现项目整体完工，进入投产通水阶段。

斯里兰卡排水隧道项目结合当地的法规要求和项目需求，建立了岗位明确、责任清晰的 OH & S 组织机构，OH & S 管理按安全专业划分，实行专业化 OH & S 管理模式，以有效保证专业水平和工作效率。同时，最大化 OH & S 管理人员属地用工比例，充分发挥属地人员对当地法律法规熟悉的优势，注重属地 OH & S 管理人员工作水平和工作能力考核评价，建立属地员工人才库。

在斯里兰卡排水隧道项目现场和营地，安全标语、警示牌醒目形象，每日班前喊话、周度安全大喊话、月度安全主题活动从未间断，专业的 OH & S 培训面面俱到，应急演练活动刺激、真实、讲实效。得益于这种 OH & S 文化理念，在该项目建设的 1100 天中，安全生产零事故。

2. 斯里兰卡环境监管法律及要点要求

斯里兰卡具有一套复杂且全面的环境保护法律体系。环保方面的法律法规主要有《环境保护法》《海岸保护法》等。依据斯里兰卡相关法律规定，需要进行环境影响评价的项目主要分为两类，一类为规模较大且可能对环境产生重大影响的项目，另一类为处于环境敏感地区的项目，例如工程项目全部或部分位于环境易受影响的地区、森林及野生动物保护区等。依据《环境保护法》的规定，如果项目的环境影响不是非常明显，那么该项目可能只需要进行一个相对简单的初始环境检查。但如果潜在影响比较显著，那么该项目就需要进行环境影响评价。

例如，针对炼厂这类可能对环境有较大影响的建设项目，项目发起人需要向项目批准机构提交环境影响评估（EIA）。项目批准机构由中央环境局（CEA）指定，就炼厂项目而言，通常为电力和能源部。

EIA 必须包括新建项目的详细信息、项目场地的现有环境、项目的正面和负面影响、拟议的缓解措施、合理的替代方案和拟议的监测计划。EIA 将由项目批准机构指定的技术评估委员会进行评估，并得到 CEA 的认可。项目批准机构还将公开征求公众意见。EIA 获得批准后将在政府公报和一份其他报纸上发布。EIA 批准的有效期通常为 3 年，项目建设应当在有效期内完成，否则将需要申请续期。除环境影响评价外，炼厂和相关配套设施的建设和运营可能还涉及以下执照和许可：

（1）海洋环境保护局批准：排放石油、有害物质或其他污染物需获得海洋环境保护局许可。

（2）海岸保护部主要许可：涉及港口结构、航道、挖掘、填充、移除沙子、贝壳或植被、回填、破坏沙洲、安装管线等活动均需申请。

（3）区域渔业推广办公室的批准函：在建设码头、栈桥和海岸保护结构前，需获得相关区域渔业推广办公室的批准函。

（4）中央环境局环境保护许可证：针对可能导致污染或噪声污染的活动，需要获得环境保护许可证进行废物排放或处置。

[案例 5-10]

普特拉姆电站项目位于斯里兰卡西北部沿海卡尔皮提亚半岛上，距首都科伦坡 130 公里，紧邻海岸线。项目借款方为斯里兰卡财政部，项目业主方为斯里兰卡电力局，业主咨询方为瑞士 Poyry 公司，中方公司为 EPC 总承包方。

合同要求该项目现场施工方必须对施工现场环境（噪声、粉尘、废气、废液、废水、光污染）进行控制。为避免施工区和邻近区的环境受到不良影响，对机组吹管采取加装消音器的措施；对粉状类材料采取用密封容器或不渗漏袋装的措施；对废气、废液、废水采取设置沉淀池、不渗漏容器盛放等处理措施；临近住宿或靠近生活设施的施工照明加装灯罩，防止照明产生光污染。

在施工阶段，要求在灰尘源上喷水以降低灰尘的发散。要定期清扫施工现场内的道路，以清除路面上累积的各种物料颗粒，同时也必须定期清洗运输车辆的表面。施工方必须保证对汽油和柴油驱动的施工机具进行适当的维护，以尽量降低其排气中的含烟量。机具维修地点应选在机油意外渗漏时不会污染地下水的地方。严禁任意倾倒废油。为了防止污染土壤和地下水，应现场收集并恰当处理施工过程中所产生的所有固体废物。应将易燃废弃物，如不可再用的木材、有机物质和其他易燃材料选择一片开阔地烧弃，并聘用当地废物处理分包商妥善处置废弃物。

点评：

斯里兰卡项目施工要求现场各分包方必须采取一切必要措施控制环境污染，尽量降低工程给环境带来的任何负面影响，在执行工程时必须遵守斯里兰卡政府和当地机构所规定的环境准则和标准。如果一部分现场施工的地点在沿海地区，也必须同时遵守斯里兰卡海岸保护部的相关规定。中资企业施工时应遵守斯里兰卡现有适用的关于环境方面的法律和规定，同时也要遵循 EIA 里阐述的条件和要求。

3. 我国商务部和生态环境部对境外投资合作有关环保的指引

目前，规范我国海外投资环境保护的主要政策是《对外投资合作建设项目生态环境保护指南》（以下简称《指南》），是由生态环境部、商务部在 2022 年 1 月联合发布的指导性文件，是对原有《对外投资合作环境保护指南》（商合函〔2013〕74 号）进行的修订。目的是进一步做好对外投资建设项目生态环境保护工作，高质量推动对外投资项目建设。

《指南》在以下几方面进一步优化对外投资合作建设项目环境管理：一是进一步明确适用范围。《指南》适用于中国企业在境外开展投资建设的新建（含改建、扩建）类项目、收购并购类项目以及承包工程项目。上述类型的项目在开展生态环境管理工作时，均可参考《指南》。二是进一步丰富内涵。《指南》针对污染防治、应对气候变化、生态系统和生物多样性保护等多个领域提出对外投资合作建设项目工作指引。三是理顺项目全生命周期管理流程。根据项目投资建设前、施工期、运营期、关闭退出等主要环节，《指南》调整并补充完善了相关规定。四是进一步提高境外项目环境管理水平，《指南》鼓励项目采用国际通行标准或中国更严标准开展生态环境保护相关工作，并对企业提出完善内部环境管理体系、鼓励开展清洁生产、加强信息发布等要求，强调企业环境管理主体责任。

4. 我国商务部对境外投资合作有关安全管理的指引

中国商务部合作司与中国对外承包工程商会共同发布的《境外中资企业机构和人员安全管理指南》（第 3 版）为境外企业和对外投资

的安全保护工作提供了全面的指导。

四、第四阶段：竣工验收

（一）竣工验收准备

验收准备包括以下几个方面：

（1）准备相关的文件和资料，包括项目的设计文件、施工图纸、验收标准、质量检测报告、安全检查报告、环保检查报告等。

（2）准备相关的证明材料，包括建筑质量证明、安全证明、环保证明等。这些证明材料需要由当地的相关部门进行审核和认证。

（3）进行内部验收，对项目进行全面检查和评估，确保项目的质量、安全和环保符合要求。

（4）邀请当地的相关部门进行外部验收，对项目进行全面检查和评估，确保项目的质量、安全和环保符合当地的标准和规定。

（5）如果项目存在质量、安全和环保方面的问题，承包方需要进行整改，确保项目符合要求。

验收前，项目公司/项目部应与业主进行充分的沟通，明确项目验收要求，包括需要业主参与的验收项（如隐蔽工程等）及最终的移交标准等，并将相关要求准确反馈至各分包单位。项目公司/项目部须严格依据设计图纸和有关国家规范标准的要求执行分项、分部和单位工程验收。对于工程隐蔽部分和其他需要中间验收的部位，项目公司/项目部应通知监理在施工过程中进行验收，要注意验收前通知时限。提前通知监理，避开周末、节假日等不利因素。

（二）竣工验收程序

斯里兰卡的工程验收涉及多个阶段和环节，通常会遵循一定的程序和国际通行的标准。以下是一般性的工程验收工作概要。

1. 资料整理与归档

（1）整理完整的施工记录、材料进场验收单、隐蔽工程验收记录、质检报告、试验检测数据等工程技术资料。

（2）汇总施工过程中发生的变更洽商、设计修改通知单等文件，确保与最终实体工程一致。

2. 竣工预验收

（1）承包商先行自检，申请接管证书并提交给监理工程师审核。除非监理单位另有规定或者要求，否则承包商应该在工程竣工以后的至多28天内，将竣工图提交给监理。在签发接管证书之前，监理单位应确保承包商按要求提交所有竣工图纸。

（2）监理单位组织预验收，包括现场实体质量检查、设备调试验证、系统试运行等。在验收期间，应编制一份缺陷清单，其中包括所发现的所有未完工程、缺陷和损坏。

3. 质量评估与整改

（1）对预验收中发现的问题进行整改，直至所有问题得到解决并通过复验。在事先获得雇主批准后，监理单位可为该工程项目签发接管证书。

（2）邀请相关部门和专家进行工程质量评估，出具质量评估报告。

4. 环境保护与安全检查

（1）确保施工期间产生的废弃物已妥善处理，环保设施达标。

（2）对安全生产设施进行验收，确认消防、安全通道、劳动防护等方面符合法律法规要求。

5. 功能性测试与验收

（1）对电气设备、压力容器、起重设备等特殊设备进行功能测试和安全检查，确保其性能指标满足设计要求。

（2）对公路、桥梁等基础设施进行荷载试验，确保结构安全。

6. 财务结算、决算与审计

结算工程款项，编制竣工决算书，完成财务审计工作。

7. 业主组织验收

业主组织设计、施工、监理等相关单位共同参与正式的竣工验收，签署验收意见和报告。

8. 履行保修期的责任

保修期的起始日期应为所提交的履约证书的验收日期。

9. 履约证书

监理工程师在保修期最迟到期日后的28天内向承包商签发履约证书，并抄送业主。业主在收到履约证书副本后21天内将履约保证金退还承包商。

最后，根据斯里兰卡当地的法律法规和合同条款，可能还需要办理相关的行政许可手续、备案登记等。在整个验收过程中，各方应密切沟通协作，确保工程项目的质量和合法性。

五、第五阶段：投产运营

（一）项目运营

如果合同中约定由中方公司负责运维，则在验收合格进入投产后，中方公司应立即组织人员开始项目运维工作。而在验收前期，中方公司就应做好相应的运营前期准备工作，如提前招募并培训当地运维人员、管理人员提前进场、提前购置办公和生活家具、做好技术交接等工作。

1. 日常运维管理

定期对工程设施进行巡检，包括但不限于对建筑物、道路、桥梁、水利设施、输变电线路、轨道交通、污水处理厂、风电站等基础设施的外观、结构稳定性、设备运行状况进行检查。

执行预防性维护，按照设备制造商建议或国家标准进行定期保养，如更换磨损部件、润滑、清洁、紧固等，以延长设施使用寿命。

2. 故障排除与维修

快速响应并处理突发故障，对出现故障的设备或系统进行诊断、维修或更换损坏部件。对大型复杂系统的故障，采取科学的方法进行分析，记录并报告故障情况，提出改进建议。

3. 性能监控与优化

利用现代信息技术进行远程监控和数据分析，对设施的运行效率、能耗、产出进行实时监测，优化运行参数，提高整体效能。

对于能源设施，如风电站、水电站、输电线路等，进行发电量统计、电能质量监测和调度管理。

4. 安全与环境管理

落实安全规章制度，进行定期安全培训和应急演练，确保运维人员安全作业，防范安全事故的发生。

对环境保护设施进行有效运维，确保污染物排放达标，同时关注生态恢复和环境影响监测。

5. 文档记录与报告

认真记录运维过程中的各项工作内容、设备运行数据、维护检修记录、故障处理情况等，形成完整的技术档案。

定期向业主或上级管理部门提交运维报告，包括设施运行状态、维护成本、预期寿命评估、存在问题及解决方案等内容。

在运维的过程中，应注意以下方面：

一是合规性。确保所有的运维活动符合当地法律、法规、行业标准以及合同规定。

二是人力资源。培训和配备合格的运维人员，具备相应的专业技术能力和资质证书。

三是备品备件。提前储备充足的备品备件，确保能在设备故障时及时替换，减少停机时间。

四是合作与沟通。与设计方、施工方、设备供应商保持良好的合作关系，获取技术支持和信息共享。

五是风险管理。识别潜在的运维风险，如自然灾害、人为破坏、设备老化等，制定应对策略和应急预案。

六是跨文化沟通。在国际合作项目中，注意尊重当地文化和习俗，促进与当地团队的良好协作。

对于具体的工程运维项目，还需结合项目特性和所在行业的具体要求来细化运维任务和注意事项。

（二）保修

由于项目地处国外，工程施工完成交付生产运营后，多数承包商需要撤回国内，保修和后续服务的方式、责任与期限需要在工程合同中明确细化。

在保修期内，承包商方应根据合同约定，成立工程保修组，指定熟悉该工程的技术、施工管理人员作为保修组负责人，配留足够原项目部工作认真、经验丰富、技术能力强、专业齐全的管理人员和作业人员及施工机具，建立工程保修管理制度，及时快捷处理运行中的问题，并做好保修记录。

点评：

需要注意的是，以上要求仅为一般性指导，具体要求可能因项目类型、合同条款、当地法律法规等因素而有所不同。建议在实际操作中详细咨询当地律师或专业机构，以确保服务要求符合当地法律法规和行业惯例。

（三）项目后评价

斯里兰卡项目后评价的要求包括以下几个方面。

1. 项目目标达成情况

评估项目是否按照预定的时间表和预算完成，并实现项目的主要目标。分析项目未能达到预期目标的原因，并提出改进措施。审查项目的可持续发展目标是否已经实现，以及是否与国家的长期发展规划相符。

2. 项目管理过程评价

评估项目的决策过程是否科学、合理，并符合斯里兰卡政府的相关规定。分析项目实施过程中的管理问题，包括项目进度、质量、成本等方面的控制。评价项目团队的合作和协调情况，以及如何改进项目管理流程。

3. 项目经济效益评价

分析项目的投资回报率、内部收益率等经济指标，以评估项目的经济效益。评估项目对斯里兰卡经济的贡献，包括对国内生产总值、就业、技术进步等方面的影响。分析项目的经济效益与社会成本之间的关系，以确定项目的经济效益优势。

4. **项目环境和社会影响评价**

评估项目对当地环境的影响，包括空气质量、水资源、生物多样性等方面的变化。分析项目对当地社会的影响，包括文化传承、社区发展、社会稳定等方面的影响。提出环境保护和社区发展的建议，以促进项目的可持续发展。

5. **项目可持续性评价**

分析项目的可持续性，包括项目的长期运营和维护成本、技术更新、市场变化等方面的影响。评估项目对环境和社会的长期影响，以及如何确保项目的可持续发展。提出提高项目可持续性的建议，以促进项目的长期发展。

6. **项目风险控制和应对措施评价**

评估项目在实施过程中遇到的风险，以及如何进行控制和应对。分析项目风险管理的问题和不足，并提出改进措施。提出应对未来可能出现的风险建议，以确保项目的稳定运行。

7. **项目沟通和透明度评价**

评估项目各利益相关者之间的沟通和协作情况，以及如何提高沟通效率。分析项目的信息披露和透明度情况，以提高公众对项目的信任度和参与度。提出提高项目沟通和透明度的建议，以促进项目的有效实施和社会认可。

8. **项目受益者和利益相关者评价**

分析项目对不同受益者的影响，包括直接受益者和间接受益者。评估项目对利益相关者的影响，包括政府、投资者、社区等。提出优化项目利益分配的建议，以实现更公平和可持续的项目收益。

9. 项目文件和记录管理评价

审查项目文件和记录的完整性、准确性和合法性，确保项目信息的可靠性和可追溯性。分析项目文件和记录管理的问题和不足，提出改进措施。提出加强项目文件和记录管理的建议，以促进项目的有效管理和历史追溯。

10. 项目后评价结论和建议

总结项目后评价的结果，提出对项目各方面的综合评价。根据评价结果，提出针对项目的改进措施和建议。提出对类似项目的借鉴意义和参考价值，以促进未来项目的成功实施。

六、在斯里兰卡开展工程的其他注意事项

（一）处理与政府和议会的关系

在处理与政府和议会关系时，中资企业应注意以下内容：应“重合同、守信用、懂法律”，树立起企业良好的信誉。要与政府相关部门保持畅通、有效的沟通和联络，争取得到理解和支持。应加强自身管理，遵守法律规定。

议会是斯里兰卡的最高立法机构。中资企业应妥善处理与议会的关系，可适当与议员接触，争取议员的理解和支持，尤其是要得到项目所在地区议员的理解和支持。

（二）妥善处理与工会的关系

中资企业应认真研究并严格遵守斯里兰卡《劳工法》，加强与斯里兰卡劳工部、主要工会等政府部门和社会组织的沟通交流。严格按照当地法律要求，结合企业自身发展需要，尽可能地为当地居民提供

更多的就业机会和良好的就业条件。

重视并妥善处理与工会的关系。一方面，中资企业应加强并规范内部管理，避免劳资纠纷，与工会保持良好关系；另一方面，一旦出现劳资矛盾，与工会交涉时应注意沟通渠道和方式，尽量避免矛盾的进一步扩大。此外，应充分尊重斯里兰卡人文背景、民族习惯和思维习惯等。斯里兰卡工会和行业协会较多，罢工集会时有发生，中资企业应避免参与其中。

从当地中资企业的实践来看，可加强对当地雇员的人文关怀，对有实际家庭困难的当地雇员，积极主动地采取帮扶措施；为当地雇员提供培训交流机会，提高当地雇员专业水平和能力。

（三）密切与当地居民的关系

中资企业在与当地居民交往过程中应充分尊重其文化习惯和礼仪，积极吸收当地居民就业，支持当地的社区建设和发展，积极参与公益活动，回馈当地社会，同时要注意当地居民的工作和生活规律，避免施工现场和居住地出现扰民等现象。

从当地中资企业的实践来看，中资企业在建项目在施工过程中经常遇到居民投诉扰民，可通过加强与项目周边居民走访沟通，找问题抓矛盾，同时利用当地节假日组织慰问，争取得到周边居民的谅解，提高施工效率，尽快完成施工内容。在项目执行过程中可利用企业便利资源切实解决当地居民的实际困难，以达到回馈社会、共建和谐社区的目的。

（四）尊重当地风俗习惯

中资企业和赴斯里兰卡工作的中方员工应了解和尊重当地风俗习惯和宗教信仰，注意相关禁忌。

斯里兰卡是多民族、多族群、宗教多样性的国家，中资企业在生产经营活动中应充分尊重各族群传统文化，教育员工充分尊重当地人传统习惯但不介入宗教、政治、族群等敏感话题，且不参与任何教派、族群事务。

从当地中资企业的实践来看，在社交、工作、休闲等不同场合，应注意着装，尊重当地居民的信仰和文化习俗。拜会或洽谈时，应提前预约。

（五）承担必要的社会责任

中资企业应积极履行社会责任。向斯里兰卡当地居民提供就业机会和良好的工作条件，提供力所能及的技能培训；关心弱势群体，积极参加当地公益活动；为遭受灾害的地区和群众解囊相助；远离商业贿赂；保障安全生产；遵守社会公德等。

2020年以来，在斯里兰卡中国企业商会的组织协调下，中资企业积极履行当地社会责任、助斯纾困，向斯捐赠大量抗疫物资、民生救助物资，主要包括口罩、米面油糖、电动自行车等，惠及多地，覆盖项目周边政府机构、社区、村庄、寺庙、学校、养老院等，受益人数众多。

（六）依法保护生态环境

斯里兰卡生态环境保持在较好水平。政府重视环境保护，制定了严格的环境保护相关法律。在工程或投资项目的评估方面，环境影响评估占有很高的权重，政府严格控制可能造成环境污染的行业。在建筑施工中，要求严格控制噪声、灰尘、水污染等。此外，当地居民的环保意识较强，对违反环保法律法规的企业，当地居民会向有关当局投诉或通知媒体，甚至自发组织示威要求违规企业改正或赔偿。中资企业应详细了解环境保护法律的相关规定，切实提高环保意识，杜绝环境污染和破坏。

[案例 5-11]

某中资企业在承接斯里兰卡某高速路项目后，认真学习当地环境保护法律法规，结合企业自身项目情况，在环境保护方面采取了一系列措施，得到了当地政府和居民的认可。一是在项目道路施工设计中增加动物通道，为动物的迁徙开辟绿色通道，同时在设计中避开动植物自然保护区等环境保护敏感区域，最大限度降低工程对当地环境的影响；二是在采石场采用控制碎石扬尘的干式布袋除尘环保设备，有效控制了生产过程中的灰尘，保障了该生产区域的空气质量；三是做好施工过程中的水源保护，在桩基施工作业中使用专用泥浆罐和造浆设备进行泥浆封闭循环使用，有效避免了水源污染问题。

（七）懂得与媒体打交道

斯里兰卡媒体分为官方媒体和私营媒体，这些媒体通常会在政治立场上有所倾向。中资企业应重视媒体的舆论影响力，与媒体打交道，加强信息披露和危机管理，积极主动引导舆论，展示中资企业良好形象。

从在斯里兰卡中资企业的实践来看，面对少数媒体对科伦坡港口城项目的不实报道，项目公司应主动发声澄清事实，利用当地主流媒体进行正面宣传引导，积极维护企业形象和企业自身合法权益。

（八）与执法人员打交道

斯里兰卡警察在社会管理中的一般职责是维护社会治安秩序、维护交通安全和交通秩序、侦查违法犯罪活动等，对斯里兰卡境内的外国人，警察有义务保障其人身和财产安全。斯里兰卡检察部门的一般职责为接待报案、承接公民的申诉、对案件进行审查等，管理外国人时同样按照斯法律程序进行。

在斯里兰卡中资企业应提醒员工禁止携带违禁物品出入境，同时对小部分索贿海关人员的无理行为自觉坚决抵制，积极维护中国企业海外形象。

中资企业应加强普法教育，引导员工学习了解当地法律法规。企业要备齐证件并妥善保管，人员外出要携带证件，配合执法人员查验，必要时可要求对方出示证件证明身份。在和政府执法人员打交道时应尊重当地的法律和规定，避免过激的言行，并注意提出合理要求。在遇到不公平处理时要理性应对，可通过律师协调，并可向其上级投诉。

（九）传播中国传统文化

中国传统文化是世界优秀文化百花园的重要组成部分，中资企业不仅是中斯双边经贸合作的建设者，也要成为两国文化交流的使者，成为中国传统文化在斯传播者。中资企业既要充分尊重、学习了解当地民族习俗与宗教文化，也要注重弘扬中国传统文化。民心相通是“一带一路”建设的重要内容，也是“一带一路”建设的人文基础，而传播中国传统文化，正是民心相通的重要途径。从在斯中资企业的实践来看，企业可以每逢春节等中华传统节日，向外籍员工和客户派发中国特色纪念品和宣传册，传播中国文化，加深双方交流。

（十）其他

在斯里兰卡中资企业应努力营造团结合作、互利共赢的市场环境，鼓励中资企业之间加强合作，鼓励中资企业与斯里兰卡企业和在斯里兰卡其他国家企业开展互利合作。

Chapter 6

第六章

斯里兰卡投资风险和机会分析

一、斯里兰卡整体营商环境

斯里兰卡地处印度洋中心、背靠印度次大陆，紧邻亚欧国际主航线，可覆盖南亚、中东、非洲东部等地区，拥有得天独厚的便利地理条件。斯里兰卡希望利用其战略地缘优势，发展成为连接东南亚新兴经济体、中东产油区、非洲新兴经济体和西方发达经济体的区域经济中心。

斯里兰卡重视双边和多边区域合作，发展与周边国家和新兴国家的经济合作。截至 2024 年 4 月，斯里兰卡与印度、巴基斯坦、新加坡、泰国达成了优惠贸易安排或自贸协定。斯里兰卡是亚太贸易协定和南亚自贸协定成员国，与包括中国在内的 28 个国家签署了《双边投资保护协定》，与 44 个国家签订了《避免双重征税协议》。

近年来，斯里兰卡积极参与“一带一路”建设，也有越来越多的中资企业去斯里兰卡投资和拓展业务。根据斯里兰卡投资局，该国未来将重点发展制造业、信息和通信技术、旅游业、农业与食品加工业、基础设施等领域，并持续优化营商环境，致力于降低企业的经营成本和经营风险。

（一）外商投资情况

1. 贸易总体情况

斯里兰卡于 1948 年 7 月 29 日成为《关税及贸易总协定》的 23 个创始成员之一；1995 年 1 月 1 日加入世界贸易组织，为创始成员之一。

斯里兰卡作为南亚区域合作联盟的成员国，积极参与并成功推动

《南亚特惠贸易安排》、《南亚自由贸易协定》的签署和实施。斯里兰卡也是《亚太贸易协定》、《环孟加拉湾多领域技术经济合作倡议》和发展中国家全球贸易优惠制度的成员。

斯里兰卡享受欧盟超普惠制待遇和美国普惠制待遇，以及英国、日本等国提供的普惠制待遇。

此外，斯里兰卡也受益于俄罗斯、土耳其、澳大利亚、加拿大、瑞士、挪威和新西兰提供的普惠制待遇，但对出口的贡献相对较低。

2. 贸易规模和贸易伙伴

2020年之前，斯里兰卡实行贸易自由化政策，原则上政府除控制石油进口外，其他商品均可自由进口。斯里兰卡政府总体上采取各种措施促进对外贸易的发展，尤其是出口的良性发展。政府不断出台新政策，鼓励发展出口型产业，增强出口产品竞争力，努力打造具有本国特色的出口导向型经济，以保证国民经济的可持续发展。

但受新冠疫情影响，2020年以来，斯里兰卡对外贸易遭受较大冲击，政府陆续颁布一系列临时进口禁令，限制非必要商品进口，以期缓解外汇短缺和国际收支压力。直到2023年6月9日，斯里兰卡政府宣布对协调制度编码项下的商品采取举措，解除若干电子产品、卫生设备和电动设备的进口禁令。2023年7月20日的2341/38号特别公告宣布，取消328个协调制度编码项下商品的进口禁令，解除进口限制的商品包括多种农产品、食品饮料、砖材建材、盥洗用品、手袋皮具、木制品、家居用品、鞋类、洗衣机、人造花及玩具等。

斯里兰卡央行数据统计，2023年斯里兰卡进出口贸易总额为287.2亿美元。其中，出口119.1亿美元，较上一年同期下降9.2%；进口总额达到168.1亿美元，较上一年同期下降8.1%。商品贸易逆差从上年同期的51.8亿美元缩小至49亿美元，同比下降5.4%，为2010

年以来的最低纪录。

斯里兰卡主要出口伙伴是美国、英国、印度、德国、意大利等，进口伙伴是印度、中国、伊朗、新加坡等。

3. **贸易商品结构**

2023 年，斯里兰卡的出口产品主要包括服装及纺织品、茶、橡胶及橡胶制品、椰子、钻石、宝石、电子元件等。斯里兰卡的进口产品主要包括石油、纺织面料、食品以及机械和运输设备等。

4. **吸收外资情况**

联合国贸发会议发布的 2023 年《世界投资报告》显示，2022 年斯里兰卡吸引外资流量为 8.98 亿美元，较上年上升 51.7%。2022 年底，斯里兰卡吸收外资存量为 138.8 亿美元。

（二）竞争力排名

根据世界银行发布的《2020 年营商环境报告》，斯里兰卡营商环境便利度在 190 个经济体中排名第 99 位。从细项指标来看，在保护少数投资者方面，斯里兰卡排名（第 28 位）较为靠前，2020 年得分 72.0；但在纳税和执行合同方面，斯里兰卡排名靠后（分别为第 142 和 164 位），2020 年得分分别为 59.8 和 41.2，有待进一步提升。

世界知识产权组织发布的《2023 年度全球创新指数》显示，在 132 个国家和地区中，斯里兰卡综合指数排名第 90 位，较 2022 年下降 5 位，得分 23.3。其中，创新投入次级指数衡量的是支持和促进创新活动的经济要素，斯里兰卡五大类要素得分分别是：制度得分 30.8（排名 124），人力资本与研究得分 17.3（排名 110），基础设施得分 35.5（排名 82），市场成熟度得分 22.4（排名 106），商业成熟度得分 26.9（排名 71）。创新产出次级指数体现的是经济中创新活动的实际成果，分为两大类，斯里兰卡得分为：知识与技术产出得分 21.5（排名 71），创意产出得分 18.6（排名 83）。

根据美国传统基金会和《华尔街日报》发布的 2024 年经济自由度指数，考虑 184 个经济体从 2022 年 7 月 1 日到 2023 年 6 月 30 日的经济政策和状况，斯里兰卡的经济自由度排名第 149 位。

根据洛伊研究所发布的 2023 年亚洲实力指数数据，该指数对 26 个印太地区国家实力进行排名。斯里兰卡综合实力在 26 个经济体中排名第 21 位，总分 7.5 分（满分 100 分）。从细项指标来看，斯里兰卡的文化影响力增幅最大（+1.2），它在外交影响力方面损失最多（-6.4）。此外，在国防网络方面有所改善（+1.1），而在弹性（-3.3）、未来资源（-0.9）、军事能力（-0.6）和经济能力（-0.6）方面呈下降趋势。

（三）斯里兰卡营商环境分析

1. 营商环境优势

一是地理优势和贸易便利化。斯里兰卡的物流区位优越，紧邻亚欧国际主航线，是国际贸易和航运的关键节点，在货物转运、船舶中转和补给等方面具有独特优势，与欧洲和中东各个市场的交通联系，比其他多个南亚国家更具优势。对于供应链横跨东方而主要市场则在西方的制造商而言，斯里兰卡优势明显，可以节省大量物流成本，缩短交货时间。

二是自然资源丰富。斯里兰卡自然资源丰富，尤其是宝石矿产，被誉为“宝石岛”，是世界前五名的宝石生产国之一。此外，其农业出口如茶叶、橡胶等在全球市场占有一席之地，为相关产业投资提供了良好基础。

三是较高的劳动力素质。斯里兰卡拥有相对较高素质的劳动力，特别是在服装制造、信息技术和服务业等领域，提供了具有一定技能的劳动力资源，且劳动力成本相对于某些发达经济体较低。

2. **营商环境劣势**

一是基础设施滞后。尽管斯里兰卡的基础设施在过去几年有所发展，但整体而言仍然滞后。特别是在交通、能源和通信等领域，设施的不完善可能影响到企业的运营效率和市场竞争力。

二是腐败问题较严重。斯里兰卡的腐败问题相对严重，从基层公务员到中高层官员都存在索贿受贿的现象。这可能导致企业在办理行政手续和开展业务时面临额外的困难和成本。

三是汇率波动和债务问题。斯里兰卡的经济受到汇率波动和债务问题的影响。汇率的波动可能导致企业面临外汇风险，而债务问题则可能影响到国家的财政稳定，进而影响到企业的投资环境。

3. **近期改善投资环境的措施**

（1）实施机构调整，完善决策管理机制。为吸引外资，2020 年，斯里兰卡采取两大举措：一是由总统直接领导斯里兰卡投资局，提升该机构的职权，使其更好地为国民经济的发展提供支持；二是成立内阁小组委员会，作为制定投资政策的决策机构。

（2）出台新政增加外汇流入。2021 年，斯里兰卡内阁出台新举措，以刺激投资流动。具体包括：允许商业银行、国民储蓄银行和依据相关公司法在斯注册的非金融类企业进行海外融资并投资政府的国际主权债券和发展债券；允许当地上市公司发行外币股票和债券，筹集外汇资金。

（3）提高营商便利度。为进一步提高营商便利度，斯里兰卡在办理施工许可证、进行财产登记以及税务等方面进行了改革，具体措施包括：

①办理施工许可证。设立专门的办理窗口，简化办理流程；提供相关法规的线上阅览平台，提高管理制度的透明度。

②财产登记。通过开通在线登记平台，使地契信息数字化，简化财产登记流程。

③税务。引入企业所得税、增值税和雇员信托基金网上申报系统，提高纳税便利度。

（四）中斯经贸关系

1. 总体情况

2013 年 10 月，习近平主席提出共同建设“21 世纪海上丝绸之路”的倡议。作为海上丝绸之路的沿线国家，斯里兰卡首个以政府声明形式支持这一倡议。基于两国紧密的政治关系以及贸易现状，中斯两国在“一带一路”背景下合作前景良好。尽管受到一些外部因素的影响，但两国的经贸关系仍然保持着稳健的发展势头。

2. 双边贸易情况

中斯两国自建交以来经贸关系在平等互利的基础上发展顺利。中国和印度是斯里兰卡最主要的贸易伙伴。

据中国海关统计，2022 年，中斯贸易额 42.5 亿美元，同比下降 27.8%。其中，中国对斯出口 37.6 亿美元，同比下降 28.3%；自斯进口 4.9 亿美元，同比下降 23.9%。2023 年，双边贸易额为 41.1 亿美元，同比下降 3.3%，其中，中国对斯出口 37.5 亿美元，同比下降 0.3%；自斯进口 3.6 亿美元，同比下降 26.5%。2017—2023 年中国和斯里兰卡货物贸易情况见表 6-1。

表 6-1　2017—2023 年中国和斯里兰卡货物贸易情况

年份	进出口		中方出口		中方进口	
	金额（亿美元）	同比（%）	金额（亿美元）	同比（%）	金额（亿美元）	同比（%）
2017 年	44.0	-3.6	40.9	-4.7	3.1	-13.4
2018 年	45.8	4.1	42.6	4.1	3.2	3.8
2019 年	44.9	-2.0	40.9	-3.9	3.9	23.4
2020 年	41.6	-7.3	38.4	-6.1	3.2	-20.0
2021 年	59.0	41.9	52.5	36.7	6.5	104.7
2022 年	42.5	-27.8	37.6	-28.3	4.9	-23.9
2023 年	41.1	-3.3	37.5	-0.3	3.6	-26.5

资料来源：中国海关总署。

据中国海关统计，中国对斯里兰卡出口商品主要类别包括：电气及电子产品、机械器具及零件、钢铁及其制品、针织物及钩编织物、塑料及其制品、化纤、药品、棉花、车辆及零部件、家具、玩具等。

中国从斯里兰卡主要进口产品有：矿物油、沥青物质、服装、咖啡、茶及调味香料、电气设备及其零附件、宝石或半宝石、贵金属制首饰、矿砂、矿渣及矿灰、杂项化学产品、椰壳纤维、橡胶及其制品、编结用植物材料及其他植物产品、水产品等。

3. **双向投资**

近年来，中资企业对斯投资取得跨越式发展，多个大型投资项目签约。《2022 年度中国对外直接投资统计公报》数据显示，截至 2022 年末，中国对斯里兰卡直接投资存量为 5.3 亿美元。中国投资主要项目包括招商局集团投资的汉班托塔港、科伦坡港国际集装箱码头，中国交通建设集团有限公司投资的科伦坡港口城，中航国际（香港）集团公司投资的科伦坡三区公寓等项目。

中国民营企业赴斯里兰卡投资发展迅速，涉及酒店、旅游、农产品加工、渔业、家具制造、纺织、饲料、生物质发电、自行车和仓储物流等多个领域。

4. 承包工程

据中国商务部统计，2021 年中国企业在斯里兰卡新签承包工程合同 33 份，新签合同额 37.25 亿美元，完成营业额 12.99 亿美元。2021 年中国累计派出各类劳务人员 1795 人，年末在斯里兰卡劳务人员 3810 人。2022 年，中国企业在斯里兰卡新签工程承包合同额 21.6 亿美元，完成营业额 9.9 亿美元。

二、斯里兰卡投资风险分析

斯里兰卡积极响应中国提出的“一带一路”倡议，是“21 世纪海上丝绸之路”建设的重要节点国家，值得中国承包工程企业深耕。但同时，斯里兰卡市场体量有限，国家负债水平较高，市场竞争激烈，营商环境尚需进一步改善。

中国社科院世界经济与政治研究所、国家全球战略智库国际投资研究室发布的《中国海外投资国家风险评级报告（2023）》显示，斯里兰卡在 120 个经济体中排名第 103 位，评级“BB”，属于较高风险国家。

以下从政治风险、经济风险、法律风险、社会风险等方面对斯里兰卡的投资风险进行分析。

（一）政治风险

所谓政治风险是指由于东道国国内政治、社会、法律等因素在国内或国际环境的影响下发生了难以预料的重大变动，从而导致投资国企业的利润或经营目标无法持续。对于该类风险，一般的防范措施为：特许权协议必须得到东道国政府的正式批准，并对项目付款义务提供担保；向国家出口信用保险公司投保政治保险。

斯里兰卡在政治方面的风险主要表现在以下方面。

1. **政局风险**

2021 年以来，日益严重的综合性经济危机破坏了斯里兰卡的政治稳定性。2022 年，在燃料、食品和药品严重短缺数月后，斯里兰卡数以十万计反政府抗议群众走上首都科伦坡街头，并且占领总统官邸和办公室。迫使时任总统戈塔巴雅·拉贾帕克萨逃往海外，并正式辞职。之后，总理维克拉马辛哈在议会投票中当选总统。抗议者们认为他与前总统拉贾帕克萨关系密切，也希望他下台。维克拉马辛哈上台后推行紧缩性经济政策，电价的提升以及税收的增加对斯里兰卡的贫困人口和弱势群体产生更大的影响，使其变得更加不受欢迎。

而斯里兰卡将在 2024 年下半年举行的总统大选使得该国政治走向的不确定性增加。民众依然期待新政府能够扭转当前的经济形势。如果新政府依然不能解决民众的问题，将会引发民众的不满和抗议，对政府稳定性构成了直接威胁。

2. **政策风险**

斯里兰卡缺少一个相对稳定的政治环境，由于政府政权的更迭，加上各执政党派政治主张和倾向差异，继任政府很难承接前任政府制定的各项政策。政权的不稳定性以及经常性的政府机构更迭，往往使得前任政府已经确定的项目，现政府接手后对这些项目进行重新审核，有时会导致项目暂停，更有甚者遭到否定。这种情况长期存在，行业持续性发展的政策连贯性就会受到影响，从而导致投资者信心下降。

特别是选举周期前后，政治局势的波动可能影响投资决策和项目进度。

[案例6-1]

斯里兰卡南部铁路项目2013年开工到2019年竣工期间，遇到斯里兰卡政府更迭2次，分别是2014年和2019年，斯里兰卡政府更迭后导致以下问题：政府相关授权签字人变更，使政府公务处理大幅降速甚至停止；政府相关部门名称更换，如斯里兰卡财政部更名，导致斯财政部同进出口银行签署的贷款协议、借款人名称变化，致使进出口银行数月无法放款，项目受资金影响被迫降速停工。

[案例6-2]

科伦坡港口城项目坐落于斯里兰卡首都科伦坡核心商业区，是“一带一路”上重要的对接项目，由中国的大型国有企业中国交建与斯里兰卡国家港务局共同投资开发。项目开工不久后，斯里兰卡于2015年1月开始进行总统大选，新总统西里塞纳以微弱优势击败前总统拉贾帕克萨，得以组建新政府。2015年3月5日，斯里兰卡新政府表示，基于对项目调查后得到的报告结果以及项目在环境评估方面存在相关问题，斯方决定暂时停止科伦坡港口城项目的施工。2015年10月8日，斯里兰卡政府内阁批准科伦坡港口城项目建设再延长6个月，并决定成立新委员会，对该项目进行综合评估，保证港口城项目建设能尽快重启。协议延长期限从2015年9月15日开始至2016年3月15日结束。2016年3月9日，斯内阁通过了《关于取消港口城项目停工令的决议》；3月14日，项目公司收到了政府取消停工令的官方来函。历时一年有余，项目才能够重启。

斯里兰卡科伦坡港口城项目的暂停与重启过程，充分体现了该国政策连续性面临的挑战，以及外国投资者在与当地政府合作时可能遇到的不确定性。前往斯里兰卡投资企业需要更加重视合同中的风险分担条款，以及与该国政府的沟通协调机制，以确保项目在面对政策变化时有足够的缓冲空间。

3. 地缘政治风险

斯里兰卡与印度的关系极其复杂。斯印有共同的文化纽带，人文交流频繁，经贸联系密切。然而，两国之间控制与反控制的斗争从未真正停止过。印度一直以南亚霸主自居，对南亚其他国家与域外大国关系的发展非常敏感。

为维持对斯里兰卡的影响力，印度多次利用泰米尔问题干涉斯内政，并一度卷入斯内战。印度也会通过斯里兰卡在经济上对它的依赖而恐吓或制裁斯里兰卡以实现其目标。印度一直是斯里兰卡独立后最大的地缘政治威胁。保克海峡主权争端问题及毗邻海域的捕鱼问题加剧了斯里兰卡对印度的战略防范。

2022 年，斯里兰卡遭受了该国独立后最严重的经济危机，引发了持续数月的政治动荡和公众骚乱，全国进入紧急状态。印度乘虚而入，向国际货币基金组织提供财政担保。在危机期间，印度向斯里兰卡提供了约 40 亿美元的经济和人道主义援助，并支持斯里兰卡的债务重组工作。印度借机深化与斯里兰卡的经贸合作（尤其是在基础设施领域），以对抗“一带一路”倡议下日益紧密的中斯经贸关系。2022 年 7 月以来，印度与斯里兰卡的关系已经进入了一个新阶段。甚至有印度媒体称斯里兰卡出现“亲印反华”的新动向。起因在于 2023 年 10 月，斯里兰卡总统维克拉马辛哈访华时承诺，加强中斯合作，并表示印度洋是开放的，允许中国科考船停靠该国港口。2024 年初，斯里兰卡政府却令人意外地对外宣布，一年之内禁止外国科考船进入其领海，各界普遍认为是印度施压的结果。

面对来自印度等大国的阻挠，中斯关系未来难免会出现不同程度的波动。然而，中斯之间没有地缘政治矛盾，没有重大利害冲突。两国在涉及彼此核心利益和重大关切问题上相互支持。虽然在某一特定时期内，斯里兰卡因某些紧急需要而寻求发展与印度的特殊关系，但长期来看，斯里兰卡不会放松对印度的战略防范。

斯里兰卡在面对印度这样的地区大国时，其政策自主性和国家安全受到严重考验。经济依赖和地缘位置使得斯里兰卡在维护国家利益的同时不得不平衡与印度的关系。斯里兰卡在2023—2024年间在对待中国科考船问题上的立场转变，显示了其在国际压力和国内政治考虑下的政策调整。中资企业在前往斯里兰卡投资时，需考虑印度对斯里兰卡政策的潜在影响，以及如何在尊重地区力量平衡的前提下推进项目，避免直接或间接地卷入地缘政治冲突。

4. 征收风险

自1978年开始实施经济自由化政策以来，斯里兰卡政府从未征用过外国投资，上一次征用争议是在1998年解决的。《土地征用法》（1950年第9号）授权政府为公共目的征用私人土地，并根据政府估价给予补偿。目前斯里兰卡尚无针对外国投资者拥有的资产进行任意征用的案例。

5. 腐败风险

尽管斯里兰卡已建立起相对健全的反腐败法律框架，但执行力度不足且不均衡依旧是个显著问题。腐败现象常被视为妨碍外国投资的关键障碍，尽管一旦合作协议尘埃落定，它在多数情况下并不会对在斯里兰卡的日常经营活动构成显著风险。然而，这种情形更多适用于那些已稳固立足的企业，对于致力于争取大型项目或政府采购合约的投资者来说，腐败问题依然是一个严峻挑战，它们更容易陷入此类复杂局面。相比之下，那些专注于出口导向型项目的企业，则相对较少遭遇此类困扰，表明腐败对商业环境的影响具有选择性和领域特定性。

斯里兰卡政府于 2023 年 4 月颁布的《反腐败法》标志着该国加强反腐立法的重大举措，旨在强化法律执行力，并积极响应国际货币基金组织关于增强政府透明度和问责制的诉求。此举赢得了一部分民间社会团体的正面评价。然而，该法案也引发了民间社会其他群体的忧虑。他们特别指出，法案中关于内部讨论保密的要求和加大对虚假举报惩罚力度的条款，可能无意间抑制了举报文化的成长，甚至有可能阻碍反腐败斗争的深入，被视为潜在的负面要素。该法案的总体影响仍有待观察。

透明国际的 2023 年清廉指数衡量了公共部门腐败的感知程度，对斯里兰卡的腐败评级为 34（该分数表示公共部门腐败的感知程度，范围为 0 到 100，前者表示高度腐败，后者表示很清廉）。2023 年，斯里兰卡在 180 个国家和地区中的排名为 115 位，比 2022 年的排名下降了 2 位。该项风险较高。

6. 政府违约风险

斯里兰卡长期保持着较高的政府债务率。1950 年，斯里兰卡公共债务总额为 6. 54 亿卢比（占 GDP 的 16. 9%，约合 1. 22 亿美元），到 2022 年，它已迅速增长到 27. 5 万亿卢比（占 GDP 的 113. 8%），其中，外债占 GDP 的比重为 51. 6%。自 2011 年以来，斯里兰卡的外债额、外债负债率、外债偿债率等指标处于多重上升期，已经达到高债务负担线。

近年来，随着中短期贷款纷纷到期，斯里兰卡政府的还贷压力剧增，而外汇收入又捉襟见肘，导致外债偿债率逐年上升，外债负担加重。斯里兰卡外汇储备已经不足以偿还短期债务，债务上升到“不可持续的水平”。2022 年 4 月 12 日，斯里兰卡中央银行表示，斯里兰卡将暂时停止偿还外债以避免硬性违约，其有限的外汇储备需要用于进口燃料等必需品。该国发生历史上首次债务违约。根据财政部数据，2023 年底斯里兰卡未偿还债务达 445.11 亿美元，其中包括双边债务和私人债权，已经远远超出了该国目前的偿还能力。该项风险较高。

（二）经济风险

经济风险是指项目施工方可能受到的项目所在国的总体经济形势和经济实力方面的不利影响。海外施工项目的经济风险主要表现在以下几个方面：所在国的经济环境、汇率风险、外汇管制风险、税率风险、通货膨胀等。

1. 经济环境风险

斯里兰卡于 1978 年在经济政策上实行改革开放，引入国外资本，发展本土基础设施，推进私有化进程，打造市场经济模式。斯里兰卡 2005—2008 年连续 4 年国民经济增长率超过 6%，2011—2014 年，GDP 增长率更是达到了 8%。之后受到新冠疫情、政府经济政策失当、乌克兰问题等内外多重因素影响，斯里兰卡经济陷入疲软，引发了独立以来最严重经济危机。斯里兰卡经济在 2022 年收缩了 7.8%，迫使其在自 1948 年独立以来最严重的金融危机中拖欠外债。直到 2023 年第三季度，经济在经历了连续 6 个季度负增长后才实现正增长。斯里兰卡央行数据显示，2023 年该国外汇储备增加 25 亿美元，国际收支经常账户自 1977 年以来首次实现顺差，至 2024 年 3 月，外汇储备已增至 49.51 亿美元。

斯里兰卡经济在 2024 年缓慢复苏增长。目前政府预计 2024 年基本账户赤字占 GDP 的比例为 0.6%，略低于 2023 年的 0.7%，国际货币基金组织要求该国到 2025 年达到 2.3%的基本盈余，到 2032 年将债务占 GDP 的比例降至 95%。但斯里兰卡经济风险仍然存在。政府必须在合理时间范围内完成债务处置，以确保经济稳定。

2. **经济结构脆弱风险**

斯里兰卡经济结构呈现出明显的单一化特征，这种特性加剧了其经济体系的脆弱性，并高度依赖外部环境，使其在发展道路上遭遇重重困境。该国经济结构的标志性短板体现在“农业基础薄弱、工业发展滞后、服务业欠活力”。

农业部门侧重于传统的种植园模式，专注于茶叶、咖啡及香料等作物，但受限于较高的生产成本和相对较低的生产效率，难以在国际市场上形成强有力的竞争优势。

工业领域则以劳动密集型的轻工业为支柱，缺乏深厚的工业基础及高端技术支撑，严重依赖进口来满足大部分工业制品需求，特别是资本和技术密集型产品。这不仅制约了本土制造业的壮大，也削弱了经济的自主性和抵御外部冲击的能力。

服务业中，旅游业原本是一大亮点，作为国家重要的外汇收入来源，却不幸遭受到自 2020 年起的新冠疫情重创，尤其是来自俄罗斯这一传统客源市场的游客数量骤减，导致旅游外汇收入急剧下滑。随后的乌克兰危机进一步推高了全球粮食与能源价格，对斯里兰卡而言，这意味着在外汇收入锐减的同时，必须承受高昂的进口支出，尤其是维持民生必需的粮食和能源，由此形成的外汇供需剪刀差异常显著，将国家推向了经济危机的风口浪尖。

3. **汇率风险**

2018—2022 年卢比对美元的汇率整体趋势一直处于下降状态，

2022年3月由于斯里兰卡严峻的政治局势和经济危机，汇率发生暴跌。根据央行统计数据，2022年，斯里兰卡卢比对美元贬值44.8%，同时，对欧元贬值41.4%，对印度卢比贬值38.6%，对英镑贬值38.1%，对日元贬值36.4%。受卢比大幅贬值影响，截至2022年11月底，斯里兰卡政府未偿债务从2021年底的17.59万亿卢比增加到25.5万亿卢比，增幅45%。

随着斯里兰卡经济缓慢恢复，自2023年12月以来，斯里兰卡卢比兑美元汇率累计上涨9.5%，成为全球表现最好的新兴市场货币之一。进口大幅收缩或推动了卢比升值，旅游业收入和侨汇流入的增长对此也有一定影响。卢比走强将对债务占GDP比例等关键债务指标产生积极影响。但专家们认为，近期斯里兰卡卢比的升值不可持续，预测其将在2024年下半年贬值。

斯里兰卡工程项目通常以卢比和美元进行日常交易和结算，易受外币汇率波动影响。斯里兰卡项目的分包、采购合同等签订时点的汇率与业务发生时点不一致时就会造成交易风险。该项风险较高。

[**案例6-3**]

斯里兰卡南部铁路项目的业主对承包商付款用的是美元，但承包商在当地购买物资、聘请分包商和劳务使用当地的卢比，承包商不得不承担国际市场汇率变化风险。该项目在2013年开工时期，美元兑换斯里兰卡卢比的汇率是1∶127，但在2019年项目通车时，美元兑换斯里兰卡卢比的汇率是1∶170，给项目结算造成了很大的汇率损失。

4. **外汇管制风险**

斯里兰卡的外汇管制风险主要源自其为应对经济危机和外汇储备短缺而采取的一系列限制性措施。这些措施旨在管理和保护剩余的外汇储备，确保关键进口商品如燃料、药品和食品的支付能力，但同时也会对经济的其他方面产生广泛影响。经济危机发生后，斯里兰卡政府明令禁止卢比自由兑换，需要预先得到外汇管理局和央行许可。资金不能自由进出市场，对中国企业的外汇管理提出了巨大的考验。

到 2024 年初，斯里兰卡的外汇储备已逐步改善，将在斯央行的指导下提高（兑换外汇汇出）限额。但截至 2024 年 4 月，采取的措施仍旧未公布。

5. 通货膨胀风险

自 2022 年以来，斯里兰卡经历了前所未有的通货膨胀冲击，这一现象尤其在当年 7 月达到惊人的峰值，通胀率攀升至前所未有的 58.9%。到了 9 月，整体通胀率再次跃升，触顶于 73.7%，进一步加剧了民众的生活压力。

面对这一严峻的经济挑战，斯里兰卡政府与中央银行紧急采取了一系列措施，旨在遏制经济衰退的趋势，包括但不限于财政紧缩政策、货币政策调整以及积极争取国际社会的财政援助。这些努力随着时间的推移逐渐显现成效，通货膨胀的压力开始缓和。到了 2024 年 1 月，官方数据显示，通胀率已显著下降至 4.2%，标志着经济初步企稳。

此外，随着通胀率的回落，斯里兰卡政府财政状况有所改善，债务负担亦得到一定程度的缓解，为斯里兰卡的经济复苏奠定了更为坚实的基础。尽管挑战依然存在，但这一进展无疑为国家重建经济信心、促进社会经济稳定提供了宝贵的契机。

（三）法律风险

法律风险主要指涉及土地法、税法、劳动法、环保法、合同法、招标投标法等法律法规的更改和变化所引起的项目成本增加或收入减少等风险。对于该类风险，一般的防范措施如：明确因违约、歧义、争端的仲裁在双方都认可的第三国进行。

1. **法律合规风险**

在斯里兰卡承包工程主要受当地的公司注册与合同、劳动用工、税务、环境保护、反贿赂等法律法规的制约。

点评：

合规是对中资企业开展境外经营最基本，也是最根本的要求。我国企业应合法合规合理地开展业务，切勿“走捷径”“打擦边球”。不然不仅会被所在国纳入“黑名单”，遭受经济和法律的制裁，同时也给整体国家形象带来不良的影响。

2. **法律差异风险**

斯里兰卡法治传统强，奉行英美法系，与我国法律体系有诸多不同之处，必须高度重视在谈判和履约过程中的各种实质性和程序性风险，原则上须聘请当地知名律所、知名律师作为法律顾问，全过程介入项目，保障我国企业合法权益。

点评：

中国企业在进入斯里兰卡之前，需要对其法律环境进行全面了解。另外，应加强项目法律部门人员对其法律制度的学习，建立相应的法律知识信息系统，制定法律差异预防措施。

3. **法律执法风险**

2023 年世界公平项目法治指数显示，斯里兰卡在全球 142 个国家和地区中排名第 77 位。这一排名体现了斯里兰卡在法治领域的国际位置，涉及因素包括政府权力的限制、公正的法律实施、秩序与安全、基本权利的保障等多个维度。排名表明斯里兰卡在法治建设上相对于其他一些国家具有一定的优势，但同时也揭示出改进空间，特别是在面对经济和政治挑战时，强化法治对于吸引投资、维护社会稳定和促进可持续发展至关重要。

4. 法律监管透明度风险

众多投资者面临斯里兰卡法律监管环境的不确定性，他们普遍反馈该体系预见性低，法规体系滞后于时代需求，且行政流程繁复，官僚体系中广泛的自由裁量权导致决策过程不透明。投资局虽承担着为潜在投资者解析国内营商法规的重任，包括那些常为特定行业或既得利益群体量身定制的新近政策与指导方针，但实施中却常感力有不逮。存在的问题进一步放大，尤其是在投资项目推进过程中，因投资委员会与相关部门间协作不畅导致的协调障碍尤为凸显。此外，政府机构评估私营部门基础设施项目财务提案的技术能力欠缺，成为招投标环节的一大瓶颈，这不仅拖延了项目进度，也影响了投资信心与效率。

5. 税收法律风险

斯里兰卡税收体系和制度比较健全，税收监管比较严格，当地实行属地税制。斯里兰卡没有营业税，但有企业所得税、预提税、个人所得税、增值税、经济服务税、关税、印花税等。

斯里兰卡的税法和政策可能随政府更迭或经济需要而发生变化，这种不稳定性给企业带来了规划上的难题。例如，斯里兰卡国会批准通过《增值税（修订）法》，将增值税从15%调高至18%，自2024年1月1日起生效。大部分之前可享增值税豁免的商品如今也需要课税。斯里兰卡税务局于2023年12月18日指出，之前138种可免缴增值税的商品中，有95种自2024年起须缴纳增值税。因此，投资者需要密切关注税制调整，包括税率变动、税收优惠变化以及新税种的引入，以避免合规风险。

6. 环保法律风险

斯里兰卡政府特别注重对环境的保护，为此制定了严谨的环境保护法律框架。在该国工程建设领域，当局强调对施工过程中的水源保护、噪声控制以及扬尘管理实施严格监督，确保工程活动不对周边生态环境造成不利影响。同时，当地居民的环保意识也比较强，经常会举报一些违反环境保护的企业，甚至自发组成示威团体进行游行。因此中国企业在斯里兰卡需要了解当地的环保法律法规，避免出现违规操作的情况。

7. 合同风险

在斯里兰卡，企业间签署的合同通常需要律师起草，然后到政府部门备案，缴纳印花税，之后方才生效。因此，企业需要明了所签协议既要有律师的签字盖章，也要有政府相关部门的备案许可，以避免不必要的损失。此外，斯里兰卡商业案件处理进程较为缓慢，这在一定程度上增加了合同变更或取消的风险。

8. 分包商违约风险

项目的分包商，尤其是主要的分包商，在施工过程中一旦出现履约问题，将给项目带来工期延误、效益损失、业主罚款等诸多问题。斯里兰卡当地分包商大多营业规模小、经济实力差甚至资信状况差，就算是那些头部分包商也存在较大的经营风险和财务风险。

在斯里兰卡承包工程的中资企业要深入当地市场开展广泛的调研，加强分包商资源拓展和培育能力，必要时可联系当地律师事务所对分包商的资信状况出具法律意见书。加强对现有分包商的分级考核管理，定期对其实力和信誉进行评估，及时果断淘汰不合格的分包商，不断更新和完善企业的分包商资源库。

[案例 6-4]

中资企业 J 企业在斯里兰卡承包的 S 项目，在后期抢工的关键阶段引入了 C 分包商（当地前十大分包商之一），该分包商在履约完成近一半的时候，进入破产清算阶段，项目汇入 C 分包商银行账户的工程款被冻结。这给现场施工履约带来了较大的挑战。最后项目部不得不策划将 C 分包商在 S 项目的团队与 C 分包商公司剥离，将每个月的工程款直接转账至项目团队个人银行账户。这期间耽误了不少工期，也给项目造成了一定的经济损失。

（四）社会风险

社会风险主要指所在国的社会文化环境、基础设施建设、治安安全、医疗卫生等可能给企业和个人带来财产及人身方面损害的影响因素。对于这类风险，一般的防范措施为：尊重当地风俗习惯，密切与当地居民的关系，做好安保防范措施以及相关风险识别和规划。

1. 基础设施风险

斯里兰卡的基础设施需求与其经济发展水平之间存在不平衡。尽管斯里兰卡政府已经采取了一系列措施来推动基础设施的发展，但仍然存在一些关键领域的短缺，如电力、交通和通信等。这种供需不平衡导致能源短缺、交通拥堵和通信不畅等问题，从而影响斯里兰卡的经济发展和社会稳定。

根据中国对外承包工程商会发布的《2023 年度“一带一路”基础设施发展指数报告》，斯里兰卡在 85 个国家和地区中基础设施发展指数排名第 42 位，较上年下降 14 位。改善斯里兰卡的基础设施需要大量的资金投入，但政府财政状况并不乐观。斯里兰卡的外债水平较高，外汇储备不足，这使得政府难以提供足够的资金支持基础设施建设。

此外，由于国际经济环境的变化和投资者信心不足，斯里兰卡难以吸引足够的外部资金来支持其基础设施建设。

2. **物资采购风险**

斯里兰卡主要建材依赖进口，建材市场供不应求，形成卖方垄断，部分供货商会要求现款交易或提供预付款。尤其是大部分零星材料需要使用现金交易，一手交钱一手交货，个别个体户甚至不接受支票。项目采购和后勤人员经常需要携带大量现金外出采购，这一方面存在员工遗失现金或现金被抢盗的风险，另一方面存在员工与供货商串通舞弊的风险。

由于当地很多材料设备无法生产制造，中资企业必须从国外采购，包括石油及其衍生品、钢铁、水泥、砂石等。这些材料的价格受国际市场影响很大，增加了采购成本的不确定性和风险。斯里兰卡的外汇储备不足，外债高企，导致卢比购买力大幅下降。当前由于斯里兰卡政府禁止卢比自由兑换，使用美元等国际货币进行采购将承担较大的外汇风险。

3. **市场竞争风险**

中资企业面临双重竞争压力。

首先，他们要与根植于本地市场、深谙法律法规及市场动态的斯里兰卡本土企业竞争，这些企业有的是土生土长的斯里兰卡本地企业，有的则是斯方和西方的合资企业，这些企业大都拥有自己的沙场、采石场等建筑材料供应厂，并且人工成本较低，因此在投标报价中具有显著的材料价格优势。这种优势使得它们在价格竞争中占据有利地位。尤其在可接受本地货币支付的情况下，进一步增强了其市场竞争力。

其次，斯里兰卡拥有一批来自中国国内的行业竞争者。这些实力较强的中资企业凭借政策支持、资金实力和技术优势，占据了斯里兰卡本地市场的一部分份额，给竞争者们带来了更大的竞争压力。

点评：

斯里兰卡本地企业，尤其是家族企业，与政府高层保持密切关系，这种关系可能对项目归属产生重大影响。斯里兰卡本地企业能够借助这种关系影响政策制定和项目分配，使得外国企业面临不公平的竞争环境。

4. **卫生疾病风险**

在斯里兰卡从事工程承包活动时，卫生疾病风险是一个不容忽视的重要因素。斯里兰卡是多种传染病的高发地区，如登革热、疟疾、基孔肯雅热、丝虫病和日本脑炎等。这些疾病主要通过蚊子、其他昆虫叮咬或不洁水源传播，对施工现场人员构成健康威胁。

不洁饮用水和食物中毒也是常见的健康问题。施工营地和现场的供水系统如果管理不当，容易引发肠道感染，如霍乱、伤寒和胃肠炎等。施工现场的环境卫生条件直接影响工人健康。不良的卫生设施、垃圾处理不当和居住环境拥挤都可能成为疾病传播的温床。

在斯里兰卡防范卫生疾病风险需要采取多种措施，包括了解当地常见疾病、接种疫苗、保持良好的个人卫生习惯、避免与生病的人员接触、寻求医疗帮助、注意环境卫生、采取防蚊措施等。这些措施可以降低工人在斯里兰卡感染疾病的风险。

[**案例** 6–5]

斯里兰卡南部高速路面施工项目部位于汉班托塔地区，周边正处于经济开发的初期阶段，社会环境相对较复杂。为保证员工的健康，项目部与周边的医院建立了联络机制，并请当地专业医护人员到项目部开展了传染病防控培训；利用休假组织职工到医疗机构体检，安排休假期间未能在国内体检的人员到所在地附近医疗机构进行体检，并在体检时接种传染病疫苗；定期为员工发放劳动防护用品，对过期或失效的防护用品进行更换。

5. **自然环境风险**

斯里兰卡属于热带季风气候，全年气温较高，且降水分布不均，雨季时降雨量较大，可能导致洪涝和滑坡等自然灾害。这种气候条件对工程项目的施工进度、材料运输和工程质量都会带来一定挑战。例如，雨季可能导致施工现场泥泞不堪，影响施工机械和人员的正常作业；同时，持续的降雨还可能引发山体滑坡和泥石流等地质灾害，对工程项目造成直接损失。

同时，斯里兰卡还面临着其他自然灾害的威胁，如飓风、干旱等。这些自然灾害可能导致工程项目中断、材料供应困难等问题，给工程承包带来重大风险。因此，在承包斯里兰卡工程项目时，需要密切关注当地的气候和自然灾害情况，制定相应的应急预案。

6. **安全风险**

斯里兰卡因经济危机、政府经济政策失当等因素引发的抗议游行示威活动时有发生。尽管这些抗议活动并未达到2022年抗议的规模和激烈程度，但反政府抗议者、工会等组织的罢工行动已经成为一个不容忽视的问题。他们要求政府取消税收增加，并警告说，如果他们的诉求被忽视，他们将采取更进一步的行动，包括关闭基本服务，以迫使政府作出让步。特别是在2023年，卫生和能源领域的几次抗议活动已经导致相关服务出现了暂时的放缓，进一步加剧了经济和社会的不稳定。

斯里兰卡整体犯罪率在经济危机背景下有所上升，包括凶杀、强奸、盗窃、抢劫、勒索和涉毒品等案件。这些犯罪活动可能对当地民众和外国投资者的人身和财产安全构成威胁。斯里兰卡局部地区仍存在枪击、偷盗等社会治安事件，这些事件虽然规模不大，但也可能对个人安全造成威胁。

在斯里兰卡的中国企业应加强安全防范，确保人身和财产安全。如遇紧急情况，须及时报警并与中国驻斯里兰卡使馆联系。

7. **文化差异风险**

中国与斯里兰卡两国在文化和语言上的独特性，导致双方在商务交流特别是项目合同的制定与执行过程中，面临着一系列需细致考量的差异。

具体而言，考虑到斯里兰卡官方语言为僧伽罗语和泰米尔语，而英语作为上层社会及商业交流中的通用语言同样重要，中资企业在准备合同文件时，首先需将中文合同精准翻译成斯里兰卡广泛接受的语言版本，通常是英文，有时根据具体情况也可能需要翻译成僧伽罗语或泰米尔语。这一过程不仅仅是字面上的转换，还需深谙当地法律体系及商业习惯的专业人士介入，确保合同条款不仅符合法律规定，还能被斯方顺畅理解并接受。

在内容层面，合同的表述和条款设计需充分考虑斯里兰卡的风俗习惯和商业文化。例如，鉴于斯里兰卡社会深受佛教影响，尊重和谦逊的态度在商业活动中尤为重要，合同中对于双方责任、权利的表述应当注重平衡与和谐，避免直接冲突或过于强势的措辞。此外，对于时间观念、违约责任等方面的规定，也需适当调整，以符合斯里兰卡商业环境的实际情况和预期。同时，了解并尊重斯里兰卡人的交流习惯，如点头和摇头的含义与中国的差异，以及重视面对面交流和建立信任关系的重要性，对于合同谈判的成功同样关键。在合同签订及后续履行过程中，维持良好的人际关系和持续的沟通，能够有效减少因文化误解造成的障碍。

8. 工会风险

斯里兰卡的工会组织比较强大，也很活跃。大部分劳工工会背后都有相应党派支持。同时斯里兰卡的《劳工法》也非常严格，目的就是为了保护工人的权益不受侵害。在所有承包的项目上，如果规定要解雇劳工，必须经过工会的审核和批准，承包工程企业是无法进行解雇操作的，未经工会审核的解雇也是无效的。

截至 2023 年 12 月 31 日，斯里兰卡登记在册的工会共有 2118 个。工会时常组织其成员进行抗议和罢工等活动，以争取提升薪资待遇等。例如，在 2021 年 2 月，斯里兰卡全国铁路工人工会就曾组织 24 小时罢工，要求政府审查各种拟议项目，比如马哈茂德–阿曼塔伊线项目。

鉴于此，中国企业应当加强与劳工部门和工会的沟通交流，严格按照当地法律要求经营，避免劳资纠纷，尽可能地为当地居民提供更多的就业机会和良好的就业条件。如发生罢工等活动，企业应积极与工会交涉，尽量避免罢工延长或矛盾升级。

9. 用工风险

斯里兰卡为保护本国劳工权益，严格限制外籍劳务人员在斯里兰卡工作。因此，对于需要外籍劳务的工程承包项目，可能会面临招聘困难、成本增加等问题。

斯里兰卡关于劳工方面的法律规定复杂、严苛，对劳动者的福利待遇、社会保险、休息休假以及劳动关系的解除等方面都作出了严格的规定，特别是在劳动关系的解除方面大幅度地偏袒劳动者。如果中资企业违反劳工方面相关法律的规定，不仅会面临行政罚款、诉讼、投资失败的风险，也会严重损害中企在海外的形象。

斯里兰卡《劳工法》规定，每月 10 日前必须及时结清上月属地劳工工资，否则项目将面临工人罢工、媒体曝光甚至被起诉的风险。如果因项目未及时支付劳工工资而被当地媒体曝光或起诉，企业将会在当地造成不良社会影响，更有损中资企业在当地的品牌度和影响力。如果是政府业主的项目，更会降低当地政府对企业履约能力和信用度的认知或评价，又会影响业主拨款，以及新项目的分配，对企业在斯里兰卡的长远发展产生不利的影响。

10. **管理风险**

管理风险是指企业因自身管理上的疏忽而导致的风险。在国外开展工程，容易在管理过程中出现水土不服、难以适应的问题。在境外常见的管理风险有以下几种。

（1）语言沟通风险。由于语言差异，跨国企业在沟通上可能会遇到障碍，特别是在解释工作要求、协调工作、处理投诉等方面，如果沟通不畅可能会引发误解和纷争。

（2）人员管理风险。由于国外员工和管理人员的背景、经验、文化等方面的差异，跨国企业在管理人员时可能会遇到人事管理上的问题，如员工离职率高、员工表现不佳等。斯里兰卡当地人民生活节奏慢，工作较为散漫，工作效率低，没有工期紧迫感意识，这对需要大量雇佣当地劳工的承包商的管理提出了很大的挑战与困难，甚至会出现不想用和不能不用当地劳工的尴尬局面，增加了工程进度控制不稳定性因素。若企业沿用国内的粗放型管理模式，没有因地制宜制定一套适合当地国家的劳工管理办法与措施，便会陷入被动局面，轻者会引起劳工的抵触情绪，重者引发罢工、劳务纠纷等各种损害企业形象的事件。

（3）信息安全风险。由于网络技术的发展，企业的信息系统面临着越来越多的威胁，包括黑客攻击、病毒感染、信息泄露等，这些威胁可能会对企业的运营和管理造成不利影响。

11. 技术风险

技术风险指工程项目所在地的自然条件勘察不力和工程实施的技术难度等给承包商带来的风险。技术风险主要包括以下几种情况。

（1）前期工程资料不准确。前期施工资料，如水文地理等资料是由业主提供的，而业主给的资料可能存在不详尽、不准确情况。中企在境外施工，对斯里兰卡的经验不丰富，缺乏相应的了解，前期核实和准备不足会导致返工风险。

（2）对技术规范不熟悉。如中企对当地技术规范不了解；或进入陌生的领域承包工程，对该领域的技术规范不熟悉；或是需要采用新的施工方法和工艺，没有适用的技术规范。斯里兰卡当地没有一套完整的设计施工标准，项目的设计标准通常是英标或者欧美标准，施工标准则是参考当地土木工程施工标准。中国承包商对中国标准较为熟悉，但对英标、欧美标准和当地土木工程施工标准了解甚微。标准的差异也导致了承包商和当地业主、监理之间的意见分歧，技术问题解决起来比较困难，严重影响了现场施工的正常进行。

三、斯里兰卡未来发展预测与投资机会分析

（一）政治前景

斯里兰卡实行西方式民主制，三权分立，多党竞争。2022 年，斯里兰卡经历了历史上最严重的经济危机，一系列事件导致经济危机并引发政治动荡和政府更迭。为缓和局势，拉尼尔・维克拉马辛哈出任斯里兰卡新一任总统并带领新政府上台执政。维克拉马辛哈获得执政党的强力支持后，组建了由执政党议员为主体的政府，政局暂趋平稳。

虽然斯里兰卡目前在某种程度上实现了政治稳定，但经济危机并未结束。政府为了改善财政赤字，增加极大税赋。人民的日常生活负担越来越大，对传统的政治模式和政党十分愤怒。2024 年是非常关键的一年，斯里兰卡在这一年将迎来总统大选。大部分民众希望举行选举，期待真正的变革来拯救这个经济危机中的国家。但同时，他们也不知道谁应该掌权以及哪个政党可以解决当前的经济和政治危机。

斯里兰卡全国选举委员会表示，该国总统选举将于 2024 年 9 月 17 日至 10 月 17 日之间举行，选举委员会将在 7 月底或 8 月初正式宣布总统选举日期。

目前，斯里兰卡三位主要总统候选人分别是统一国民党领袖维克拉马辛哈、统一国民力量领袖萨吉特·普雷马达萨和人民解放战线的阿努拉·迪萨纳亚克。执政的人民阵线党有可能不会推出自己的候选人，并支持维克拉马辛哈。

人民解放战线的阿努拉·迪萨纳亚克继续积极开展本地和国际竞选活动。2019 年总统选举，他获得 3.9%的选票。如果要在 2024 年选举中获胜，须大幅增加选票，使得票率不低于 50%。

统一国民力量领袖萨吉特在 2019 年大选获得 40%的选票。他需要处理好党内问题，防止选前最后一刻的“倒戈”，以获得 50%或以上的选票。

如果按 2019 年的选举基础看，维克拉马辛哈若想连任，须做好更强有力的竞选准备，尤其要强化统一国民党的基层组织。

社交媒体上有来自不同组织的民调，有政治分析家认为，实际上超过 40%的选民似乎没有确定将选票投给谁，因为此前的国家动荡和有史以来最严重的经济危机，人们对政治家失去了信心。可以预见的是，2024 年即将举行的总统选举使得经济发展和政治动荡等风险增加。

（二）经济预测

亚洲开发银行的年度旗舰经济出版物《亚洲发展展望》2024 年 4 月号指出，预计斯里兰卡经济 2024 年将增长 1.9%，2025 年增长 2.5%。斯里兰卡经济正显示出复苏迹象，这将促使更多国内外投资者来斯投资。

斯里兰卡 2024 年预算案总体目标是推进国家经济强劲增长，目标是经济增速达到 1.8%，这符合推动该国经济持续繁荣和社会发展的愿景。斯里兰卡政府当前的工作重点是满足 4.127 万亿卢比财政收入的要求，管理好 6.978 万亿卢比财政支出，并解决 2.851 万亿卢比的预算赤字。2024 年预算案的一项关键目标是减轻斯债务负担至占 GDP 的 95%。为应对当前经济挑战，政府将通过必要的刺激措施重振经济。斯里兰卡正通过政策层面的措施和结构性改革，特别是对亏损国有企业的改革，推动经济复苏。亏损国企给政府带来巨大财政负担，2023 年，斯国企累计净亏损额达 1.323 万亿卢比，只有部分国企有微薄盈利。

据世界银行预测，斯里兰卡经济将在 2024 年经历 2.2%的缓慢复苏增长，并在 2025 年增长至 2.5%。但是该国贫困率预计将继续上升，在 2026 年保持在 22%左右。斯里兰卡需要加速发展中小企业，近年来中小企业对斯 GDP 贡献率达 52%，占就业总人口的 45%。斯里兰卡经济风险仍然存在。政府必须在合理时间范围内完成债务处置，以确保经济稳定。世界银行报告提到，实施强有力改革、解决国企相关风险对于经济复苏和宏观财政金融体系的稳定至关重要。

（三）投资机会

作为一个发展中经济体，斯里兰卡为国内外投资者提供了多样的投资机会，尤其是在政府推动的改革和重点发展领域。

1. 旅游业

旅游业是斯里兰卡第三大外汇收入来源，在经济中占有重要地位。2023年，斯共接待148万游客，创下斯3年以来的最高纪录，表明疫情后斯里兰卡旅游业正强劲复苏，该年度旅游业收入约20亿美元。尽管2023年的入境人数和收入分别低于设定的增长目标4.5%和24%，但该行业在经历了2019年复活节恐怖袭击、新冠疫情以及2022年政治动荡和经济危机等挫折之后，仍表现出强劲的复苏趋势。展望2024年，斯里兰卡旅游业制定了雄心勃勃的目标，旨在接待250万游客，收入46亿美元。此外，长期战略的目标是在5年内将游客人数增加到500万人次，创造216亿美元的可观收入。斯里兰卡投资局认为旅游业发展前景向好，至2030年有望接待游客700万人次。

此外，斯里兰卡旅游业相关基础设施不断完善。据斯里兰卡旅游发展局统计，截至2022年底，斯里兰卡有超过480家旅游酒店和度假村，总计25958间酒店客房。除酒店等基础设施建设外，景区再开发等相关项目也得到持续发展。斯里兰卡政府近期大力投资酒店、机场、公路、景点等旅游基础建设，同时，吸引私人企业开发高端旅游产品，如高尔夫球场、豪华度假村等。为追求旅游业持续发展，当地也启动了保护自然环境和文化遗产，以及推广生态旅游、保护野生动物等一系列工作。斯里兰卡旅游发展局也开始投资数字化旅游，如升级旅游网站和信息平台、在线预订系统、旅游应用程序和在线签证申请等，而且加大力度挖掘文化旅游资源，增加博物馆、文化中心和历史古迹对游客的吸引力。预计到2025年，斯里兰卡旅游业有望达到80亿美元的收入，接待游客数量将达到300万人次。

中国企业在斯里兰卡开展相关业务，并不断进行市场拓展。2019

年，途牛旅游网与斯里兰卡旅游发展局签订合作备忘录，以加强双方的深度合作，为前往斯里兰卡旅游的中国游客提供更丰富、优质的产品和服务，更好地推动斯旅游业快速发展。未来可积极支持中资企业参与斯旅游市场开发，充分利用主要客源国的市场优势，深化与斯旅游业合作。建议重点关注酒店及休闲娱乐设施等的建设和运营、旅游线路和项目的合作开发、旅游人才培训等方面合作机会。

2. **物流运输业**

斯里兰卡致力于将自身打造为印度洋航运、金融和物流中心。据斯里兰卡出口发展局数据，斯物流运输业创造了 4 万 ~5 万个工作岗位。大约 70%的相关企业为本土企业，其余为外资企业。

斯里兰卡独特的地理位置使其在物流运输业有较强的竞争优势。斯里兰卡处于印度南部和印度洋中心，位于迪拜和新加坡中间，是连接亚非、辐射南亚次大陆的重要支点，地理位置十分优越，有利于发展物流运输业。

斯里兰卡的汉班托塔港为深水港，是该地区重要的转运枢纽。同时，斯里兰卡政府重视物流运输业发展，致力于将斯打造为世界重要的海运中心。该国政府采取了诸如财政支持、推行数字化、制定国家单一窗口等完善物流运输业的相关措施，还落实了一些重大项目，推动全国各地的港口实现现代化，并投入大量资金开发先进的集装箱处理技术，全面升级港口作业水平。

斯里兰卡物流运输业的外资企业主要有丹马士环球物流有限公司、佐川集团等。中国企业推动建设了汉班托塔港和科伦坡港，为斯里兰卡物流运输业发展作出了贡献，未来两国企业在相关领域将有更为广阔的合作空间。

3. 电力行业

为了满足2020—2039年国家发展的电力需要，考虑斯里兰卡目前运行机组老化退役、部分燃油机组成本较高以及水力发电开发趋于枯竭等问题，2020年3月斯里兰卡政府制定了20年长期发电规划。到2029年计划新增装机519万千瓦，其中燃气150万千瓦，煤电120万千瓦，风电53.5万千瓦，光伏74万千瓦；到2039年新增装机985万千瓦，其中燃气300万千瓦，煤电240万千瓦，风电105万千瓦，光伏173万千瓦。

在未来的20年里，斯里兰卡将重点发展燃气发电、风力发电、太阳能发电和清洁燃煤发电等项目。

4. 信息通信技术行业

信息通信技术行业是斯里兰卡发展最快的产业之一。2021年，该行业出口额为10亿美元。斯投资局预测，到2025年，该行业出口额将达到30亿美元，增长两倍。

斯里兰卡信息通信相关的基础设施较好。科伦坡于2013年开始普及4G技术，是南亚地区首个开通4G的城市，斯里兰卡更是该地区内首个全面开通3G的国家。良好的基础设施使其信息通信技术行业具备一定的竞争优势。

斯里兰卡信息通信技术行业的部分领域成为全球信息技术业务外包的首选目的地。斯里兰卡公司向北美、欧盟、澳大利亚、东亚、中东和非洲等地区出口软件产品和服务，核心竞争力包括自动化应用测试、基础设施外包、高端研发、企业资源规划、云技术、移动应用和许多其他业务解决方案。

斯里兰卡政府支持信息通信技术行业的发展。其国家信息和通信技术局积极倡导完善信息通信技术相关的基础设施，不断开发该行业的人力资源，促进经济和社会发展，实现政府现代化，为民众提供优质服务。斯里兰卡投资局 2018 年和 2019 年审批通过了与网络扩展和移动、固定宽带基础设施升级等信息通信技术相关的多项投资。

目前，有数家中资公司在斯设立信息通信技术分支机构。华为技术有限公司与斯里兰卡积极开展 5G、物联网、人工智能和云技术相关合作，并于 2020 年 5 月向该国捐赠多台通信和网络设备。

5. 橡胶业

斯里兰卡的橡胶产量和出口均居世界前列，天然橡胶及制品是其传统主要出口商品之一。斯里兰卡 2022 年天然橡胶总产量为 70867 吨。2022 年橡胶成品行业的出口收入为 9.77 亿美元。

斯里兰卡有着悠久的天然橡胶种植历史，橡胶质量上乘，为其产业发展提供了巨大的竞争优势。同时，斯里兰卡还以加工生产大量高附加值橡胶产品而著名，例如，橡皮筋、串珠、乳胶产品（如医用、工业和家用手套）、工业产品（如软管、汽车零部件、工业部件、轮胎、内胎、汽车和航空轮胎）以及通用橡胶产品（如橡胶地板、地垫、地毯、运动用品、鞋类、热水瓶和相关部件）。

斯里兰卡还成立了专门的部门和研究机构推动橡胶业的发展。橡胶发展局和橡胶研究所推动橡胶业不断发展，扩大橡胶种植面积，提高产量。

2021 年，斯里兰卡政府计划在霍拉纳地区建一个约 3035.14 亩[1]的橡胶产业区，使该国橡胶和橡胶制品的出口在未来几年内翻一倍，出口额达到 20 亿美元。橡胶研究所还持续开展橡胶的栽培、加工及相关方面的科技研发工作，并推广缓释肥技术，以实现橡胶行业的可持

[1] 1 亩≈667 平方米。

续发展。

中国和斯里兰卡在橡胶业领域开展了广泛合作。2014 年，斯里兰卡橡胶研究院与中电科技国际贸易有限公司就发展当地橡胶产业签署了谅解备忘录，涉及综合实验室建立、基础设备升级和技术援助等方面的合作内容。此外，2019 年，海南省与斯里兰卡种植业部签署了关于热带农业发展暨提高种植业附加值的谅解备忘录，将共同推动亚洲综合橡胶中心的建设。

Chapter 7

第七章

工程建设企业合规管理体系建立指南

一、合规管理的内部环境

合规管理是一种风险管理活动，是境外施工企业对业务活动是否遵守所在国（地区）法律、法规、规定、规则、行业自律等的一种鉴证行为。

合规管理的内部环境是其他所有风险管理要素的基础，为其他要素提供规则和结构。内部环境的要素包括：合规管理的目标和基本原则，企业文化和公司战略，管理层的理念和经营风格，公司组织架构及其岗位职责，员工的诚信、道德价值观和胜任能力。

（一）合规管理的目标

建立健全合规风险管理体系，实现合规风险的有效识别和管理，促使境外施工企业全面风险管理体系的建设，确保企业依法合规经营。

（二）合规管理的基本原则

一是客观性原则。合规人员应当依照相关法律、法规对违规事实进行客观评价。

二是独立性原则。合规部门在企业中应当有独立地位，合规管理应当独立于其他各项业务经营活动。

三是专业性原则。合规人员应当熟悉公司业务制度，了解公司内各业务环节的专业知识和业务流程，并准确理解和把握法律法规的规定和变动趋势。

四是公正性原则。合规人员在对业务部门进行检查时，应当坚持统一标准对违规行为及相关风险进行评估和报告。

五是协调性原则。合规人员应当正确处理与公司其他部门及监管部门的关系，努力形成公司的合规合力，避免内部损耗。

六是全面性原则。企业合规管理应覆盖所有境外业务领域、部门和员工，贯穿决策、执行、监督、反馈等各个环节，体现于决策机制、内部控制、业务流程等各个方面。

二、合规管理机构的设置及职责

（一）合规管理机构的设置

企业可根据业务性质、地域范围、监管要求等设置相应的合规管理机构。合规管理机构一般由合规委员会、合规负责人和合规管理部门组成。尚不具备条件设立专门合规管理机构的企业，可由相关部门（如法律事务部门、风险防控部门等）履行合规管理职责，同时明确合规负责人。

1. 合规委员会

企业可结合实际设立合规委员会，作为企业合规管理体系的最高负责机构。合规委员会一般应履行以下合规职责：

第一，确认合规管理战略，明确合规管理目标。

第二，建立和完善企业合规管理体系，审批合规管理制度、程序和重大合规风险管理方案。

第三，听取合规管理工作汇报，指导、监督、评价合规管理工作。

2. 合规负责人

企业可结合实际任命专职的首席合规官，也可由法律事务负责人或风险防控负责人等担任合规负责人。首席合规官或合规负责人是企业合规管理工作具体实施的负责人和日常监督者，不应分管与合规管理相冲突的部门。首席合规官或合规负责人一般应履行以下合规职责：

一是贯彻执行企业决策层对合规管理工作的各项要求，全面负责企业的合规管理工作。

二是协调合规管理与企业各项业务之间的关系，监督合规管理执行情况，及时解决合规管理中出现的重大问题。

三是领导合规管理部门，加强合规管理队伍建设，做好人员选聘培养，监督合规管理部门认真有效地开展工作。

3. **合规管理部门**

企业可结合实际设置专职的合规管理部门，或者由具有合规管理职能的相关部门承担合规管理职责。合规管理部门一般应履行以下合规职责：

第一，持续关注我国及业务所涉国家（地区）法律法规、监管要求和国际规则的最新发展，及时提供合规建议。

第二，制定企业的合规管理制度和年度合规管理计划，并推动其贯彻落实。

第三，审查评价企业规章制度和业务流程的合规性，组织、协调和监督各业务部门对规章制度和业务流程进行梳理和修订。

第四，组织或协助业务部门、人事部门开展合规培训，并向员工提供合规咨询。

第五，积极主动识别和评估与企业境外经营相关的合规风险，并监管与供应商、代理商、分包商、咨询顾问和承包商等第三方相关的合规风险。为新业务的开发提供必要的合规性审查和测试，识别和评估新业务的拓展、新客户关系的建立以及客户关系发生重大变化等所产生的合规风险，并制定应对措施。

第六，实施充分且具有代表性的合规风险评估和测试，查找规章制度和业务流程存在的缺陷，并进行相应的调查。对已发生的合规风险或合规测试发现的合规缺陷，应提出整改意见并监督有关部门进行整改。

第七，针对合规举报信息制定调查方案并开展调查。

第八，推动将合规责任纳入岗位职责和员工绩效管理流程。建立合规绩效指标，监控和衡量合规绩效，识别改进需求。

第九，建立合规报告和记录的台账，制定合规资料管理流程。

第十，建立并保持与境内外监管机构日常的工作联系，跟踪和评估监管意见和监管要求的落实情况。

（二）合规管理部门的设置方式

合规管理部门是负责施工企业合规工作的具体组织和执行部门，依照所规定的职责、权限、方法和程序独立开展工作，负责公司各部门和全体员工的合规管理工作，合规管理部门对公司高层负责。

合规管理部门人员应具备较高的思想素质和法制观念，坚持原则、忠于职守、廉洁奉公、公正无私，并具备相应的专业知识。合规管理部门必须制定相应的人员岗位责任制，明确任务，落实责任。合规管理部门工作人员同样应遵守公司各种规章制度和规定。合规管理部门依据国家及有关部门的法律法规、公司章程、公司内部管理制度和承包合同，在所赋予的权限内，按照所规定的程序和方法，对行为对象进行客观公正的检查监督并提出处理建议。

合规管理部门的设置有如下几种类型（见表 7-1）。每种类型都有各自的优缺点。企业应根据公司业务类型、组织结构、组织资源等因素选择合规管理部门的设置。

表 7-1 合规管理部门类型及特点

序号	类型	特点
1	合规管理部	在企业内部建立一个专业的合规管理部门，任命首席合规官作为合规管理总负责人。 优点：企业合规管理部门的独立性强，合规团队专业能力强，合规工作也做得相对专业。 缺点：要求企业投入大量的资金、人力等资源；对合规管理人员职业技能要求高，既要懂合规专业知识，又要懂具体的业务知识；合规管理部门与其他部门之间的沟通协调能力也要求较高。
2	法务合规部	把法务部或者法律事务部的管理职能与合规部门管理职能统一到法务合规部门职能之中，由法务合规部对企业的法律事务工作和合规管理工作进行统一管理。 优点：部门设立相对容易，投入成本相对较低，公司在设立合规管理部门时可以利用公司现有的法务部门的资源，因为大多数公司在成立合规部之前都有法务部门。另外，合规管理工作与法务部工作配合容易，因为合规管理部门有效开展工作的前提须对外部法律法规、监管等规定有正确的理解，在一个领导之下，合规管理部门与法务部门之间的沟通也相对顺畅。 缺点：按照这样的方式设置合规管理部门，开展工作时与其他部门的沟通协调要求较高，需要合规管理部门与业务部门密切配合，对合规管理人员职业技能要求高，既要懂合规专业知识，又要懂具体的业务知识。
3	审计合规部	合规部与审计部结合形成审计合规部。 优点：便于企业对合规风险进行管理，企业可以通过较少的投入达到合规管理的目的。 缺点：独立性不强，适用于业务单一且面临合规风险较低的企业。以生产汽车为主的北京奔驰汽车就采用了该类型。

续 表

序号	类型	特　点
4	风控合规部	融合了公司治理、风险控制与合规管理。 优点：大大提升了合规管理部门整合公司资源的能力，有很强的独立性，方便了合规部门与风险管理部门的沟通，合规部门在合规风险评估时可以和风控部门结合起来共同开展工作，实现风险管理工作成果共享。 缺点：对合规部的领导力提出了很高的要求，同时也需要企业提供较多的资源支持，还需要与法务部门等其他部门加强沟通，平衡业务与合规风险管理的关系。
5	其他	具体根据公司业务类型、组织结构、组织资源而定。 如英国石油公司（BP）在集团层面设置“道德与合规部”进行合规管理，同时配以法律各领域专家提供日常的法律专业支持，来保证 BP 各部门的合规专业有效运行。 BP 公司除了在道德与合规部门工作的全职合规工作人员之外，在每个业务与职能部门及其每一个下属地区部门，都有一位部门领导兼任本部门的“道德与合规联络人”。其职责是确保各项合规制度在本部门的有效实施，并且就日常工作中的合规问题进行处理和解答。这种安排能够有效提高本部门领导的合规意识，高效率解决日常合规问题。

三、企业内部的合规管理体系

（一）董事会的合规责任

董事会作为决策层应以保证企业合规经营为目的，通过原则性顶层设计，解决合规管理工作中的权力配置问题。

董事会负责企业整体风险的预防和控制，审核、监督公司风险控制制度的有效执行，可以下设合规与风险管理委员会，负责对企业国内施工承包及境外施工经营的风险控制及合法合规进行审议、监督和检查，草拟企业风险管理战略，评估企业风险管理状况。

董事会对企业的合规管理承担最终责任，履行以下合规职责：

①审核批准合规政策，监督合规政策的实施，并对实施情况进行年度评估。

②审核批准公司年度合规报告，对年度合规报告中反映出的问题，采取措施解决。

③根据总经理提名决定合规负责人的聘任、解聘及薪酬事项。

④决定公司合规管理部门的设置及其职能。

⑤保证合规负责人独立与董事会、董事会相关委员会（如审计委员会或者其他专业委员会）沟通。

⑥公司章程规定的其他合规责任。

（二）监事会的合规责任

为了完成合规监督职能，监事会不仅要进行会计监督，而且要进行业务监督。不仅要有事后监督，而且要有事前和事中监督（即计划和决策时的监督）。监事会对经营管理的合规方面监督包括以下方面：

一是对企业董事、总经理和其他高级管理人员执行公司职务时违反法律、行政法规或者公司章程的行为进行监督并有权通知他们停止其非合规行为。

二是随时调查企业的合规执行状况，审查合规体系文件、合规记录和合规报告，并把审核意见向董事会报告。

三是当监事会认为有必要时，一般是在企业出现重大问题时，可以提议召开股东会。

（三）管理层的合规责任

企业的高级管理层应分配充足的资源建立、制定、实施、评价、维护和改进合规管理体系。

管理层人员应当熟悉工程建设相关法律、行政法规及国际性组织的监管要求，依法合规、勤勉、审慎地行使职权。管理层人员应当维护企业的统一性和完整性，在其职权范围内对企业经营活动进行独立、自主决策，不受他人干预，不得将其经营管理权让渡给股东或者其他机构和人员。

管理层人员应当根据企业经营环境的合规要求，督促和落实合规责任体系的建立和运行。

管理层人员应当构建企业自身的合规文化，保持企业内部机构和人员合规责任体系、合规报告路径的清晰、完整，不得违反规定的报告路径，防止内部责任体系、报告路径和内部员工之间出现割裂的情况。

（四）合规管理部门的合规责任

①协助领导构建企业合规管理体系，制定、修订企业的合规手册和其他合规风险管理规章制度。

②起草年度合规管理计划。

③主动识别、评估、监测和报告合规风险。

④负责各项具体合规工作方案的拟定，使合规工作顺利展开。

⑤起草合规报告。

⑥参与新业务的开发，识别、评估合规风险，提供合规支持。

⑦违规事件的调查处理，起草违规处理决定。

⑧梳理企业内控流程，提出相关改进建议。

⑨审查企业内部管理制度、业务规程，提供合规改进建议。

⑩组织合规培训并向企业员工提供合规咨询服务。

⑪跟踪法律法规、监管规定和行业自律规则的变动、发展，并根据其有关要求提出制定或者修改企业内部规章制度的建议。

⑫相关辅助性工作和领导指派的其他工作。

（五）合规管理的主要内容

企业应以倡导合规经营价值观为导向，明确合规管理工作内容，健全合规管理架构，制定合规管理制度，完善合规运行机制，加强合规风险识别、评估与处置，开展合规评审与改进，培育合规文化，营造重视合规经营的企业氛围。

1. 合规管理的主要活动

合规管理旨在构造企业监督系统，对企业的决策系统、执行系统进行全程、动态的合规监控，监控的对象覆盖企业经营管理的全部内容，主要包括：

①定期学习法律、法规，传达监管要求，打造企业合规文化，提高员工合规意识。

②审核业务合同，各部门的制度和工作流程。

③依据合规要求，检查和评估日常经营管理活动的合规性。

④梳理整合各项法律法规、规章制度，开展合规培训。

⑤为新的承包合同提供合规支持。

⑥开展法律咨询，协同处理企业法律纠纷及其投诉。

2. **合规文化**

合规文化建设是合规风险管理的一部分，同时也是企业文化建设的一部分。如果企业上下所有员工都严格遵守高标准的道德行为准则，那么该合规风险的管理是最为有效的。

在企业内部要形成浓厚的合规文化，做到人人合规。所有员工都要有足够的职业谨慎、具有诚信正直的个人品行以及良好的风险意识和行为规范。企业内部要具有清晰的责任制和问责制，以及相应的激励约束机制，形成所有员工理所当然要为自身从事的职业和所在岗位的工作负责任的氛围，进而逐步形成工程建设企业的合规文化。企业加强合规文化建设应从以下四个方面努力：

第一，管理层的重视。

第二，全员合规理念的建立。一定要改变钻政策空子、打擦边球的观念，消除侥幸心理。

第三，合规部门与其他部门的配合、信息交流，实现资源共享，协同作战。

第四，合规考核机制的有效落实。

3. **合规政策**

合规政策是企业体现合规理念，培育合规文化，制定实现合规目标的纲领性、指示性的文件，对企业开展合规工作提出了原则性要求。其内容包括：

（1）合规政策的制定。企业的高级管理层（合规委员会）负责制定书面的合规政策，并根据合规风险管理状况和法律、规则、准则，以及项目所在地的政策、宗教和文化环境的情况适时修订合规政策，经董事会审议批准后传达给全体员工，定期评价各项合规政策和执行状况；若发现重大的合规问题，管理层必须立即向董事会汇报。

（2）进一步明确合规管理部门的职能。为确保合规管理部门能在公司合规管理中充分发挥作用，对合规管理部门的责任至少应明确：①合规管理部门的功能和职责；②合规管理部门的权限；③合规负责人的合规管理职责；④保证合规负责人和合规管理部门独立性的各项措施，包括确保合规负责人和合规管理人员的合规管理职责与其承担的任何其他职责之间不产生利益冲突等；⑤合规管理部门与其他部门之间的协作关系；⑥设立分支机构合规管理部门或项目部合规管理部门的原则。

（3）合规政策的落实。

①高级管理层：负责贯彻执行合规政策，确保发现违规事件时及时采取适当的纠正措施，并追究违规责任人的相应责任。

②企业职能部门及各项目部：遵循企业合规政策，研究制定本部门或本项目决策和运作的各项制度流程并组织实施，定期对本部门或项目的合规风险进行评估，对其合规管理的有效性负责。

③合规管理部门：作为合规风险的日常管理部门，主要负责识别、评估和监控合规风险，并向管理层和董事会提出合规建议和报告。

4. 合规审核

通过审核，对于外部监督可能发现的问题及时自查自纠，以减少企业损失，避免可能受到的处罚。

合规审核的程序一般包括：制定合规审核机制、合规审核调查、合规审核评价，具体内容见表7-2。

表 7-2　合规审核的程序及内容

程序	内　容
制定合规审核机制	制订合规审核计划，需要列出审核的目标、步骤和流程。
合规审核调查	合规人员开展内部合规审核时，可能出现内部人员不配合，刻意隐瞒实情的情况，需要合规部门人员进行审核调查，但审核调查手段不能干扰企业或项目的日常运作。
合规审核评价	合规审核工作需要进行阶段性的评估，可以由内部或外部人员进行，最终目的是改进合规部门的工作。

5. **合规审计**

企业合规管理职能应与内部审计职能分离。企业审计部门应对企业合规管理的执行情况、合规管理体系的适当性和有效性等进行独立审计。审计部门应将合规审计结果告知合规管理部门，合规管理部门也可根据合规风险的识别和评估情况向审计部门提出开展审计工作的建议。

6. **合规检查**

合规检查的主要对象是制度、程序和流程的执行情况，合规检查主要看企业各个层面，特别是施工项目部是否落实了合规要求，检查要点：

一是企业各个层面是否按照相关法律法规和企业章程的规定履行职责，合规记录是否真实、准确、完整，是否按规定存档。

二是合规问题的整改情况及违规责任人的处理情况。

三是风险管理制度是否涵盖了不同风险控制环节。

四是其他需要检查的内容。

7. **合规培训**

企业应将合规培训纳入员工培训计划，培训内容随企业内外部环境变化进行动态调整。境外经营相关部门和境外分支机构的所有员工，均应接受合规培训，了解并掌握企业的合规管理制度和风险防控要求。决策层和高级管理层应带头接受合规培训，高风险领域、关键岗位员工应接受有针对性的专题合规培训。合规培训应做好记录留存。合规培训的内容包括但不限于：企业内部的员工守则和各项业务的合规制度、国际商业公约及项目所在国特定的合规要求、境内外合规案例警示教育。

8. 合规汇报、举报与投诉

合规负责人和合规管理部门应享有畅通的合规汇报渠道。合规管理部门应当定期向决策层和高级管理层汇报合规管理情况。汇报内容一般包括但不限于合规风险评估情况，合规培训的组织情况和效果评估，发现的违规行为以及处理情况，违规行为可能给组织带来的合规风险，已识别的合规漏洞或缺陷，建议采取的纠正措施，合规管理工作的整体评价和分析等。

如发生性质严重或可能给企业带来重大合规风险的违规行为，合规负责人或合规管理部门应当及时向决策层和高级管理层汇报，提出风险警示，并采取纠正措施。

企业应根据自身特点和实际情况建立和完善合规信息举报体系。员工、客户和第三方均有权进行举报和投诉。企业应充分保护举报人。

合规管理部门或其他受理举报的监督部门应针对举报信息制定调查方案并开展调查。形成调查结论后，企业应按照相关管理制度对违规行为进行处理。

企业各层级人员对违规行为应有制止的义务，企业应有合规投诉处理的渠道和制度，合规投诉处理的流程为：接收、审议、改进、反馈。合规投诉处理的措施包括：

第一，建立合规投诉渠道。

第二，建立合规投诉的管理办法或处理流程等制度，其中建议含保密、奖励等内容。

第三，规定相关处理极限范围、处理流程与时限等。

9. 合规考核

合规考核应全面覆盖企业的各项管理工作。合规考核结果应作为企业绩效考核的重要依据，与评优评先、职务任免、职务晋升以及薪酬待遇等挂钩。

境外经营相关部门和境外分支机构可以制定单独的合规绩效考核机制，也可将合规考核标准融入总体的绩效管理体系中。考核内容包括但不限于按时参加合规培训，严格执行合规管理制度，积极支持和配合合规管理机构工作，及时汇报合规风险等。

（1）建立考核目标。企业应在相关部门和各层级建立合规目标作为考核依据。

企业策划如何实现合规目标时，应确定：做什么，需要什么资源，谁负责，何时完成，结果如何评价。

（2）建立员工合规操守考核制。建立包括合规操守、合规业绩考核在内的绩效管理体系。每年初根据境外企业项目建设和生产经营的实际情况，制定考核指标并与主要负责人签订责任书，采取“月度通报、季度考核、半年小结、年度清算”的考核机制，年底根据完成情况进行考核，合规业绩考核结果与企业工资总额、领导班子成员年薪和领导班子成员任职评价“三挂钩”。通过加强合规绩效考核，充分调动企业合规经营的积极性，促进资产的保值增值。将考核结果纳入年度绩效考核，与绩效工资挂钩，以增强员工合规意识，确保员工日常行为合规。

（3）建立违规问责制度。对于发现的违规事件，要严格认定和追究违规行为人的责任，并采取有效的纠正措施，及时优化经营管理流程和修订相关规章制度，切实消除违规事件产生的负面影响。

10. 合规评价

企业应定期对合规管理体系进行系统全面的评价，发现和纠正合规管理贯彻执行中存在的问题，促进合规体系的不断完善。合规管理体系评价可由企业合规管理相关部门组织开展或委托外部专业机构开展。

企业在开展效果评价时，应考虑企业面临的合规要求变化情况，不断调整合规管理目标，更新合规风险管理措施，以满足内外部合规管理要求。

（1）建立法律法规及其他要求适用表。

①合规性评价的基础工作是建立适用的法律、法规及其他要求清单。

②合规渊源，包括：立法机构和监管机构的法律、规则和准则，市场惯例，行业协会的行业规则，内部职员行为准则，诚实守信和道德行为准则。

③合规渊源的获取渠道。

（2）建立法律法规及其他要求合规性评价表。建立法律法规及其他要求合规性评价表的原则和方法。

（3）进行合规性评价。

①归口管理部门；

②评价频次；

③评价人员；

④评价依据；

⑤评价内容；

⑥评价记录；

⑦不合规处置。

（4）提出改进方法。

①企业合规性评价和改进建议表。

②撰写企业规章制度的修改建议书，应注意：如果企业的规章制度体系文件与现行的法律法规有冲突，则必须对规章制度体系进行修改；应通过与有关部门的沟通，了解企业规章制度这样规定的原因，并探讨有无可能提出既合乎技术原理又合乎法律法规的方法；在建议书中，必须写明既有文件的哪一部分与法律法规存在冲突，并给出修改意见。

四、合规管理中的风险控制方法

合规风险是指企业或其员工因违规行为遭受法律制裁、监管处罚、重大财产损失或声誉损失以及其他负面影响的可能性。

合规管理部门应深入调查，梳理各操作岗位的工作规程，研究各岗位原有的内控风险、管理体系风险及法律风险，针对各环节隐藏的或者有可能发生的合规风险进行系统排查，并梳理成全面的合规管理风险。参照国家的法律法规、有关政策和行业标准规范，结合企业实际运营的情况，整理各业务领域需要遵守的法律法规和其他标准，结合上述排查的合规管理风险，细化业务操作标准，量化要求。之后，强调风险提示，列出哪些岗位会出现风险操作、风险级别、业务流程环节中容易出现风险的操作点以及风险控制措施，以便于业务操作人员在工作中能够有意地避开风险操作点，增强风险意识，加强自身责任感。这是企业达成合规要求，实现合规经营的根本策略。

整个风险管理过程是一个闭环系统（见图 7-1），随着风险应对策略的实施及风险监控过程中内外部环境或工作内容的变化，风险会出现许多变化。这些变化的信息可及时反馈，新的风险识别就能及时对新情况进行风险评估和分析，从而调整并实施风险应对策略。这样循环往复，保持风险管理过程的动态性，就能达到风险管理的预期目的。

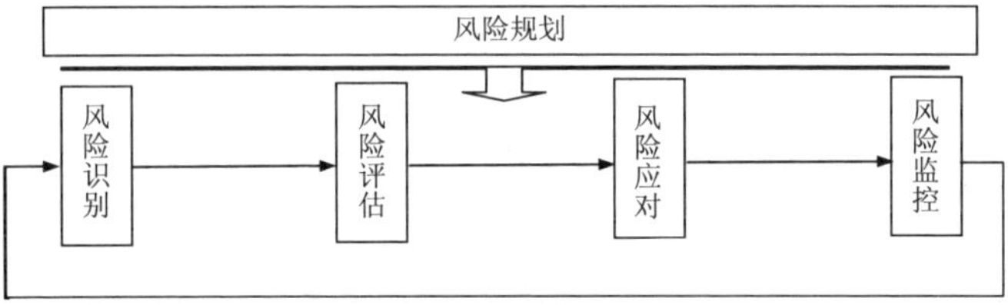

图 7-1　企业风险管理的全过程

（一）风险规划

风险规划是定义如何实施合规风险管理活动的过程，合规部门应该根据企业的业务类型、实施环境和人员特点，制订风险管理规划文档，即风险管理计划。该计划要与业务内容（如所承包的项目类型、项目战略优先级等）对企业和其他相关方的重要程度相匹配，其中特别需要注意的是业务（如工程项目承包）实施过程中关键相关方（如工程所在地政府、业主及企业自身领导层）对合规风险的容忍程度。

风险规划的内容应包括：

①确定合规风险管理的领导者和团队，明确其职责；

②确定合规风险管理活动所需资金及应急储备和管理储备的使用方案；

③确定在项目生命周期中实施合规风险管理过程的时间和频率；

④确定合规风险的分类方式和风险分解结构；

⑤记录各相关方的风险偏好度和风险临界值；

⑥根据具体的项目对风险的概率和影响进行定义；

⑦风险登记册、风险报告以及项目风险管理过程中的文档要求和内容格式等。

合规风险管理活动应纳入日常工作范畴，是合规管理工作的最重要组成部分。同时，企业应在合规风险规划阶段对各类相关人员做好合规培训工作。培训对象及内容见表 7-3。

表 7-3　合规培训对象及内容

序号	培训对象	培训内容
1	企业高层、高级合规官	建立企业合规管理体系
2	合规管理团队成员	合规管理团队的职责、应知应会等
3	从事境内经营的工程建设企业所有人员	境内合规要求、制度
4	从事境外经营的工程建设企业所有人员	境外合规要求、制度

可采取现场培训、书面培训、网络培训相结合的形式，由合规管理部门制订年度合规培训计划，由各业务部门提出培训需求，以工作的实际需要为出发点，与岗位紧密结合，根据年度培训计划、国家政策法规的变化及企业业务发展需要实施培训，有计划、有目的地组织

各种形式的合规培训，强化合规经营理念。

（二）风险识别

企业应当建立必要的制度和流程（风险规划），识别新的和变更的合规要求。企业可围绕关键岗位或者核心业务流程，通过合规咨询、审核、考核和违规查处等内部途径识别合规风险，也可通过外部法律顾问咨询、持续跟踪监管机构有关信息、参加行业组织研讨等方式获悉外部监管要求的变化，识别合规风险。

企业境外分支机构可通过聘请法律顾问、梳理行业合规案例等方式动态了解掌握业务所涉国家（地区）政治经济和法律环境的变化，及时采取应对措施，有效识别各类合规风险。

企业的合规风险识别工作应在整个经营过程中持续开展，并根据环境和业务特性的变化不断更新风险内容。

具体工程项目上的风险识别应以企业已识别的合规风险为基础，结合项目特性、所在地的环境（包含自然环境、社会环境、管理环境和作业环境）等因素，在合规管理部门的配合下，一同开展合规风险的识别。

可使用头脑风暴、核对单、访谈收集与风险相关的信息，通过根本原因、假设条件和制约因素、各种文件和 SWOT 等分析风险及其来源，召开专门会议讨论和完善风险的识别。具体识别风险的方法见表 7-4。

表 7-4　常见风险识别方法

名称	方式	说　明
调查法	访谈	约访专家、工程管理人员，或通过实地观察走访等识别潜在的风险。
	专家会议讨论	通过成立风险管理专家小组，召开会议，利用其专业知识和经验识别潜在的风险。
头脑风暴法	自由联想讨论	组织一群人自由联想、讨论，发表自己的观点或看法，互不强制干预对方。
核查法	核查表	将之前相似项目发生过的风险归纳总结列成清单，核查拟建项目是否存在该类风险。
分解法	工作分解法（WBS）	将复杂的整体工程进行系统分解（单项工程-单位工程-分部分项工程-工序），分析潜在的风险和损失。
	风险分解法（RBS）	将整个工程的风险从不同的方面或层次分类，再将大类风险分解为具体的子风险。
	WBS-RBS	将复杂的工程工作和风险分别分解成简单、易于理解的基本单元，再将其耦合形成 WBS-RBS 矩阵，找出可能的风险因素。
情景分析法	场景假设	设想同一环境不同情境下可能出现的风险和其带来的损失。
假设条件和制约因素分析	实施条件审查	每个项目及其项目管理计划的构思和开发都基于一系列的假设条件，并受一系列制约因素的限制。开展假设条件和制约因素分析，来探索假设条件和制约因素的有效性，确定其中哪些会引发风险。从假设条件的不准确、不稳定、不一致或不完整，可以识别出威胁，通过清除或改变会影响项目或过程执行的制约因素，可以创造出机会。

续 表

名称	方式	说　明
流程图法	流程图	将项目划分为连续的作业流程，再将各个作业流程划分为若干个具体板块，分析各板块中潜在的风险。
SWOT 分析	多维度进行分析	对项目的优势、劣势、机会和威胁进行逐个检查。
文件分析	历史资料分析	通过对企业或项目以往文件的结构化审查，可以识别出一些风险。可供审查的文件包括计划、假设条件、制约因素、以往项目档案、合同、协议和技术文件。

1. 合规风险识别的领域

企业识别、分析和评估合规风险可以从重点领域、重点环节、重点人员三方面考虑。

重点领域：市场交易、商业伙伴、安全环保、施工质量、劳动用工、财务税收、知识产权、反腐、诚信与反贿赂。

重点环节：重要决策事项事前合规审查。境外施工重大决策、重大合同、大额资金管控、境外子企业公司治理等。

重点人员：管理人员、高风险岗位、海外人员。

2. 合规风险识别的框架

全面识别合规风险的一个良好方法是通过风险分解（RBS）建立合规风险识别框架。

合规风险 RBS 建议，参见表 7-5。

表 7-5 不同类型风险需合规的内容或风险点

类别	需合规的内容或风险点
国际条约、惯例和协议合规风险 相关的规定主要来自联合国（UN）、国际劳工组织（ILO）、世界知识产权组织（WIPO）、国际标准化组织（ISO）、社会责任国际（SAI）、国际商会（ICC）、世界银行（WB）、石油输出国组织（OPEC）等	· 合同管理：FIDIC 条款、NEC 合同条款、JCT 合同条款、AIA 系列合同条件等； · 劳工权利：《国际劳工组织宪章》、《建筑业安全和卫生建议书》、《1990 年夜间工作公约》、SA 8000 等； · 知识产权：《保护工业产权巴黎公约》《专利合作条约》《世界版权公约》等； · 环境保护：《生物多样性公约》《控制危险废物越境公约》《联合国气候变化框架公约》《巴塞尔公约》等； · 财务报告：《COSO 全面风险管理框架》《COSO 内部控制整合框架》等； · 国际贸易：《国际贸易术语解释通则》《商业跟单信用证统一惯例》等； · 诚信与反贿赂：《世界银行诚信合规指南》《海外反腐败法》等； · ……
国家（地区）性合规风险	· 美国的《海外反腐败法》《针对机构实体联邦量刑指南》《萨班斯-奥克斯利法案》； · 美国的“长臂管辖”司法判例； · 所在国出于国家安全和国家利益作出的行政决定；如美国把华为公司列入出口管制“实体名单”； · 所在国及地区出入境相关规定； · 驻所在国使领馆的规定和要求； · ……

续 表

类　别	需合规的内容或风险点
宗教、文化和习俗合规风险	·基督教； ·伊斯兰教； ·佛教； ·当地的其他教派和习俗； ·……
国内施工企业涉及的主要法律、法规合规风险	1. 法律 《中华人民共和国建筑法》《中华人民共和国安全法》《中华人民共和国消防法》《中华人民共和国合同法》《中华人民共和国招标投标法》《中华人民共和国土地管理法》《中华人民共和国城乡规划法》《中华人民共和国环境保护法》《中华人民共和国环境影响评价法》《中华人民共和国保险法》《中华人民共和国劳动法》等。 2. 行政法规 《工程建设质量管理条例》《工程建设安全生产管理条例》《工程建设勘察设计管理条例》《中华人民共和国土地管理法实施条例》等。 3. 部门规章 《工程监理企业资质管理规定》《注册监理工程师管理规定》《工程建设监理范围和规模标准规定》《建筑工程设计招标投标管理办法》《房屋建筑和市政基础设施工程施工招标投标管理办法》《评标委员会和评标方法暂行规定》《建筑工程施工发包与承包计价管理办法》《建筑工程施工许可管理办法》《实施工程建设强制性标准监督规定》《房屋建筑工程质量保修办法》《房屋建筑工程和市政基础设施工程竣工验收备案管理暂行办法》《工程量清单计价规范》《工程建设施工现场管理规定》《建筑安全生产监督管理规定》《工程建设重大事故报告和调查程序规定》《城市建设档案管理规定》《增值税暂行条例实施细则》等。

续 表

类 别	需合规的内容或风险点
国内外行业专业技术合规风险	指针对不同的行业、不同质量控制对象制定的专业技术规范文件。包括规范、规程、标准、规定等，如：工程建设项目质量检验评定标准，有关建筑材料、半成品和构配件质量方面的专门技术法规性文件，有关材料验收、包装和标志等方面的技术标准和规定，施工工艺质量等方面的技术法规性文件，有关新工艺、新技术、新材料、新设备的质量规定和鉴定意见等。
企业内部制度和流程合规风险	·公司章程； ·公司制度和业务流程； ·工艺流程和操作手册； ·……

全面风险识别 RBS 建议，详见表 7-6 至表 7-17。

表 7-6　境外工程建设企业全面风险识别框架（RBS 0 级）

序号	层 次	风险类型
1	国家层面	经济风险、政治风险、社会风险、自然风险、法律风险
2	项目层面	招投标风险、设计风险、施工风险、采购风险、业主方风险
3	企业层面	融资风险、资金风险、组织结构风险、人力资源管理风险

表 7-7　国家层面：经济风险清单（RBS 1~2 级）

序号	风险因素	风险源
1	经济发展	所在国经济 GDP 总量及发展趋势如何？经济产业结构是怎样的？经济发展规划和政策有哪些？
2	通货膨胀	所在国通货膨胀率是多少？是否得到有效控制？发展趋势如何？国家的货币政策如何？
3	政府财政和债务	政府财政收入、来源及占比是多少？政府财政收支情况如何？政府外债与内债情况如何？政府外汇收入、来源及储备情况如何？
4	市场竞争	政府投资和私人投资情况如何？市场竞争激烈情况如何？市场竞争者来自哪些国家？中国企业的市场份额、分布领域和竞争优势怎样？
5	汇率变化	所在国采用何种货币？是否是国际货币？与美元的兑换比率是否稳定？汇率的发展趋势怎样？
6	外汇管制	所在国是否是外汇管制国家？所在国的外汇储备怎样？外汇管制的对象是哪些？外汇管制的范围有哪些？
7	华人经济团体影响	所在国是否存在华人商会或经济团体？这些商会团体对所在国经济的影响力如何？与当地政府和社会组织团体的关系如何？
8	商业银行合作	所在国的主要商业银行有哪些？银行的资信、业务及收费、效率情况如何？外国人可否开立银行账号和可办理的业务情况有哪些？

表 7-8　国家层面：政治风险清单（RBS 1~2 级）

序号	风险因素	风险源
1	政治制度	所在国政治体制是哪种（民主共和制/君主立宪制）？所在国民主程度如何？是否存在以及多大程度的独裁？政治权力在各组织机构之间如何划分？

续 表

序号	风险因素	风险源
2	政党及政策	所在国的政党情况如何？是一党制、两党制还是多党制？主要政党有哪些？主要政党对国家政策和政治权利的影响怎样？执政党及其他政党对华态度怎样？
3	国家信誉	所在国的国际信誉如何？是否有国家信用评级？评级情况如何？
4	政府腐败	所在国政府廉洁情况如何？腐败行为严重程度如何？政府是否就腐败问题采取打击措施？政府打击力度和决心怎样？
5	政策连续性	国家政策是否稳定？近几届政府更迭过程是否稳定？新政府对原政府行为（各项政令及外交政策）继承是否完整及政策是否稳定？
6	政局稳定性	国家政局是否稳定？影响国家政局稳定的主要因素有哪些？
7	战争或内乱	所在国是否存在反政府武装或恐怖组织？其破坏活动近年来是否频繁？国家是否已采取军事行动？未来的安全形势会如何？
8	国家关系	所在国周边国家政局是否稳定？其与周边国家关系如何？国际上有无敌视国？中国在该国是否设有大使馆？其与中国合作情况如何？
9	舆论风险	我方在项目所在国设立的机构是否建立了舆情监控机制？
10	工程协会	所在国是否存在工程协会？工程协会的作用及其对市场的影响如何？
11	紧急事故应对	我方在所在国设立的机构是否建立了紧急情况的应对机制？包括哪些具体的应急保障措施？

续 表

序号	风险因素	风险源
12	项目安保	我方在所在国设立的机构是否建立了安全保障管理制度？当地是否有专业的安保公司？费用如何？当地政府可否提供安保力量？
13	市场歧视	建筑市场对外国承包商的态度如何？中资企业在当地受欢迎程度如何？

表 7-9　国家层面：社会风险清单（RBS 1~2 级）

序号	风险因素	风险源
1	民族冲突	所在国有多少民族？各民族之间的关系如何？主要民族占人口比例及其对国家政治、社会的影响？
2	宗教冲突	所在国有无宗教信仰？具体信仰哪些宗教？宗教之间的关系如何？宗教对国家政治、社会、文化等的影响程度如何？
3	风俗禁忌	所在国有哪些风俗习惯？禁忌有哪些？
4	法定假日	所在国有哪些法定节假日？法定假日多不多？节假日如何分布？
5	劳工素质	社会教育体系是否完善？教育是否普及？公民受教育程度如何？
6	交流障碍	所在国官方语言是什么？较为通行的外国语言有哪些？
7	医疗卫生	所在国医疗保障体制是否健全？医疗水平和伤病费用成本如何？
8	社会治安	社会治安状况如何？偷盗、抢劫等暴力犯罪率高不高？

表 7-10 国家层面：法律风险清单（RBS 1~2 级）

序号	风险因素	风险源
1	法制差异	所在国属于英美法系、大陆法系还是其他法系？
2	法制不健全	所在国的国家立法程序如何？法制是否健全？基本法律有哪些？法律法规调整是否频繁？
3	公民法律意识	当地法律文件是否易于获取？公民法律意识怎样？公民犯罪率如何？
4	执法风险	所在国执法部门法律执行力度如何？执法是否公正？
5	司法风险	司法环境如何？司法是否公正？司法效率如何？诉讼成本如何？
6	国际法约束	是否与中国签订双边或多边条约？是否共同加入某种国际组织？
7	公司法风险	所在国关于公司设立及治理的相关法律法规有哪些？主要规定是怎样的？
8	进口管理	所在国对进口程序和手续有哪些规定？海关检查是否严格？清关效率怎样？
9	外籍劳务限制	所在国关于外籍劳务的法律法规有哪些？是否对外籍劳务有明确的限制？外籍劳务需要办理哪些签证和手续？
10	外商投资法	所在国关于外商投资的法律法规有哪些？主要规定是怎样的？
11	投标法规	所在国关于投标的法律法规有哪些？主要的规定是怎样的？
12	合同法	所在国关于合同的法律法规有哪些？主要的规定是怎样的？
13	劳动法	所在国关于劳动关系、职业安全健康的法律法规有哪些？主要的规定是怎样的？对工人加班的时间和费用有何规定？

续 表

序号	风险因素	风险源
14	税法风险	所在国关于税收制度的法律法规有哪些？主要规定是怎样的？税率如何？对外国承包商有无优惠？税法是否定期修改？
15	环保法	所在国关于环境保护的法律法规有哪些？主要规定是怎样的？对于破坏环境行为的惩罚是怎样的？
16	企业资质管理	所在国关于建筑企业资质管理的法律法规有哪些？主要的规定是怎样的？资质分为几类几级？资质申请的程序和所需的材料有哪些？
17	工程纠纷管理	所在国关于诉讼、仲裁等争议解决方式的相关法律法规有哪些？主要的规定是怎样的？
18	所在国仲裁机构	所在国仲裁机构有哪些？这些机构的国际影响力、公正性、收费情况如何？
19	国际仲裁有效性	所在国是否为纽约公约成员？外国仲裁裁决在该国承认和执行情况如何？
20	法律资源获取	所在国的法律资源如何？有无国际知名律所？本国律师的水平和能力怎样？律师收费如何？该国有无知名的工程咨询专家和税务顾问专家？

表 7-11　国家层面：自然风险清单（RBS 1~2 级）

序号	风险因素	风险源
1	自然灾害	所在国自然灾害现象（地震、洪灾、旱灾、火山、台风等）是否严重？是否常年缺水？
2	气候恶劣	全年降雨量和气温如何？是否有明显的旱季和雨季？雨季和旱季分别是哪些月份？夏季的最高平均温度和冬季的最低平均温度是多少？

续 表

序号	风险因素	风险源
3	水文地质	所在国的地形地貌如何？水文地质条件是否复杂？
4	传染疾病	所在国是否为传染疾病高发区？主要的传染疾病有哪些？病情是否得到有效控制？公民的疾病防范意识如何？
5	生态保护	所在国是否注重对生态的保护？项目是否经过生态保护区？

表 7-12　项目层面：招投标风险清单（RBS 1~2 级）

序号	风险因素	风险源
1	投标程序	建筑市场投标的基本程序是什么？公正性如何？外国企业投标需要做哪些准备？
2	投标政策	所在国对本国企业和外国企业投标的政策是否不一样？具体政策是怎样的？
3	业主手续	业主的行政审批手续是否齐全？
4	工程量和工程范围	合同中关于工程项目内容描述是否清楚？是否存在可凭借推测和想象而导致工作范围扩大的成分？工程量是否有清单？
5	合同报价	合同计价方式约定是否明确？是固定总价合同还是可调总价合同？合同中有无关于价格调整方式的条款？合同价格包含的风险费是否足够？
6	融资要求	合同中是否要求承包商融资？融资额度是否超过企业规定标准？
7	保函担保	业主是否要求承包商提供保函担保？需要提供哪些保函？保函失效、失效条件及担保金额约定是否明确？
8	预付款约定	合同中是否约定工程预付款？预付款的比例是多少？预付款支付形式是什么？

续 表

序号	风险因素	风险源
9	进度款支付约定	合同中是否约定工程进度款的审批及支付时限？进度款的支付方式是什么？是否约定发包人未按时支付工程进度款的违约责任？
10	工程尾款支付约定	合同中是否约定工程尾款的审批和结算时限？工程尾款的支付方式是什么？是否约定发包人未按时支付工程尾款的违约责任？
11	质保金支付约定	合同中是否约定质量保修期和期满后工程质量保修款的清算和支付时限？
12	竣工结算约定	合同中是否约定工程竣工验收的条件？是否明确规定竣工结算审核单位和审核时限？是否约定中间结算和结算时限？
13	付款形式	合同工程款结算的币种有哪些？业主以何种方式付款？
14	工程变更	是否约定工程变更、洽商、签证价款的审批和支付时限？
15	违约赔偿	合同对双方违约的责任是否作出明确的规定和量化？是否约定赔偿的条件和形式？
16	条款不平等	业主是否特意将自身承担的风险定义模糊化？风险范围是否缩小？是否将一些不可抗风险全部强加给承包商？
17	条款不严谨	合同对一些重要性条款有没有清晰的定义？规定是否详细？前后是否存在矛盾？
18	合同条款误解	合同条款翻译是否正确？双方就条款的理解是否进行沟通并达成一致？
19	业主免责	合同条款关于业主责任的要求是否明确？有无具体的制约措施？

表 7-13　项目层面：设计风险清单（RBS 1~2 级）

序号	风险因素	风险源
1	设计标准	业主要求使用的设计标准规范是哪些？是中国标准、欧美标准还是所在国自身标准规范？设计分包商对国外标准规范的熟悉程度？
2	设计技术	设计院或分包商的资质如何？是否做过海外工程的设计？设计团队人员组成结构是否合理？设计人员的设计经验如何？
3	设计资料	业主提供的资料信息是否真实、完整，有无及时更新？承包商是否亲自到项目现场勘察过？勘察资料的深度和广度是否满足设计要求？
4	设计方案	承包商是否深入研究业主提出的技术指标和要求？设计方案是否合理？业主是否会因喜好任意要求承包商改变设计方案？业主对设计方案的审批效率如何？
5	设计变更	设计分包商是否正确理解业主的概念要求？业主对项目的要求是否一次性交代清楚？
6	衔接风险	设计部门的时间安排是否合理？与采购部门、施工部门工作的衔接是否顺畅？

表 7-14　项目层面：采购风险清单（RBS 1~2 级）

序号	风险因素	风险源
1	本地材料设备供应	所在国有无项目所需的材料设备？当地材料的质量能否达到项目要求？当地的材料生产能力和设备生产效率能否满足项目的需求？材料和设备的价格怎么样？
2	材料设备采购计划	各种材料和设备的采购来源是否合理安排（当地、中国还是第三国）？每次材料采购数量是否经济？采购计划是否合理和灵活？

续 表

序号	风险因素	风险源
3	供货商供货	供货商的信誉情况怎么样？供货数量和质量是否有保障？能否及时供货？供货规格是否与项目匹配？售后服务怎么样？
4	物流运输	物资运输形式和成本如何？运输速度和安全性如何？货物运输损耗大不大？清关手续是否复杂？货物是否在所在国进口管制名单内？
5	物价上涨	材料设备价格是否上涨？跨国采购时货币汇率是怎样的？
6	采购报价	业主是否指定供货商？供货商的数量是多少？承包商询价是否方便？供货商报价是否合理？供货商会不会坐地起价？

表 7-15 项目层面：施工风险清单（RBS 1~2 级）

序号	风险因素	风险源
1	施工技术	技术交底是否清楚？施工工艺是否落后？专项施工方案是否得到论证以及效果如何？有无采用新工艺和技术？
2	安全措施	现场安全措施是否到位？执行力如何？是否安排专职安全巡视员？
3	施工人员管理	施工人员素质如何？施工人员是否服从安排？施工人员是否会盗窃材料设备？施工人员是否会集体要求涨薪或罢工？施工人员是否接受加班安排？
4	分包商管理	分包商之间的施工界限是否清晰？分包商进场安排是否合理？与分包商之间的沟通是否顺畅？有无做好各分包商之间的协调？
5	材料设备管理	现场材料设备是否有专人看管？设备的保养怎样？材料的进场是否及时？设备之间的调度是否协调？

续 表

序号	风险因素	风险源
6	基础设施	施工现场供水供电是否充足？交通方不方便？
7	施工组织	施工方案是否可行？施工进度计划是否科学？施工现场平面布置是否合理？
8	施工影响控制	施工过程中有无注意保护周围的生态环境？有无干扰到周围居民的生活？有无对周围建筑和地下管线造成影响？
9	劳工流动	当地的劳工是否充足？劳工的流动性大不大？
10	技术文件翻译	公司是否拥有既会说当地语言又懂工程技术的人才？技术文件的翻译与原文贴近程度如何？
11	项目目标管理	项目目标分工是否明确？是否制定严格的项目目标管理体制？项目目标管理计划是否严格执行？

表 7-16　项目层面：业主方风险清单（RBS 1~2 级）

序号	风险因素	风险源
1	业主支付不及时	业主拖欠工程进度款和竣工结算款的情况如何？业主对承包商的请示回复情况如何？
2	业主干预	业主是否强行干预项目的管理？是否发出一些不合理的指令？
3	需求变更	业主会否因经济问题减少项目工作量或范围？业主是否要求承包商执行合同规定之外的工作？

表 7-17　企业层面：企业风险清单（RBS 1~2 级）

序号	风险因素	风险源
1	融资风险	企业的融资能力如何？融资渠道有哪些？融资是否得到国家支持？

续 表

序号	风险因素	风险源
2	资金短缺	企业的资金运转是否正常？是否有足够的资金维持垫资施工？
3	人力资源管理	企业雇佣当地员工和国内员工的规划是否合理？员工的培训计划和费用如何？薪酬制度是否透明公正？
4	企业内部组织管理	企业的管理团队是否团结？内部是否拉帮结派？与当地建筑企业是否存在腐败交易？管理人员结构安排是否合理？各自的责任与权力是否明确？
5	组织结构	企业项目组织机构采用何种形式？机构设置是否合理？

3. **风险识别的结果**

风险识别的最终的成果是建立风险登记册，记录已经识别的风险、潜在的风险责任人和潜在的风险应对措施。

（三）风险评估

风险评估是指根据工程所处的环境，风险管理人员应用统计、概率分析等方法对已识别风险的发生概率和影响进行综合分析的过程。其主要目的是对风险进行优先级排序，筛选出重点关注的高优先级风险。

企业应通过考虑不合规的原因、来源、后果的严重程度及其后果发生的可能性进行合规风险评估。后果包括（不限于）：个人和环境伤害、经济损失、声誉损失和行政责任等。

企业可根据企业的规模、目标、市场环境及风险状况确定合规风险评估的标准和合规风险管理的优先级。

企业进行合规风险评估后应形成评估报告，供决策层、高级管理层和业务部门等使用。

风险具有动态性、紧迫性、临近性、潜伏性、可控性、连通性、可监测性、可管理性、不确定性、相对性、突发性等众多特性。传统的风险评价方法大都认为风险度为风险发生概率 P 与风险损失 I 的乘积，即 $R=P\times I$ 。这种分析方法仅从概率和损失两个维度来评价风险，不能全面反映风险的发生过程和规律，可能会导致错误的结果。有必要将风险分析从两维向三维甚至多维拓展，也就是除了考虑风险发生的概率和风险损失，还须考虑风险的可控性、紧迫性、临近性等风险特性指标，用风险特征向量表示如下：

$R=(R_1,R_2,R_3,R_4,R_5\cdots)$ =（概率、损失、可控、紧迫、临近……）

风险各评价维度的具体含义如下：

发生概率：风险在工程全过程中发生的可能性大小。

损失：风险发生后影响工程进度、质量、成本等目标而造成的损失，以及连带给企业的经济损失、声誉损失和行政责任等。

紧迫性：为有效应对风险而必须采取应对措施的时间段。时间短就说明紧迫性高。

邻近性：风险在多长时间后会影响一项或多项项目目标。时间短就说明邻近性高。

可管理性：风险责任人（或责任组织）管理风险发生或影响的容易程度。如果容易管理，可管理性就高。

可控性：风险责任人（或责任组织）能够控制风险后果的程度。如果后果很容易控制，可控性就高。

可监测性：对风险发生或即将发生进行监测的容易程度。如果风险发生很容易监测，可监测性就高。

连通性：风险与其他风险存在关联的程度大小。如果风险与多个其他风险存在关联，连通性就高。

战略影响力：风险对组织战略目标潜在的正面或负面影响。如果风险对战略目标有重大影响，战略影响力就大。

密切度：风险被一名或多名相关方认为要紧的程度。被认为很要紧的风险，密切度就高。

值得说明的是，并不是每一个风险特性都需要考虑，除概率和损失外，其他的特性根据项目的情况进行选择，并设定相应的权重。各项评分应由经验丰富的专家进行打分，评分的标准应在风险规划中设定，多位专家的多重评分会显著提高风险评估的准确性。表 7-18 是风险评估模型示例。

表 7-18 风险评估模型（示例）

风险 10 分制	维度	概率	损失	可监测性	紧迫性	…	综合 评分	优先级
	权重	30%	30%	5%	5%	…		
风险 A	—	9	8	8	8	…	8.3	1 级
风险 B	—	7	8	5	6	…	6.5	3 级
…	…							

（四）风险应对

企业应建立健全合规风险应对机制，对识别评估的各类合规风险采取恰当的控制和处置措施。发生重大合规风险时，企业合规管理机构和其他相关部门应协同配合，依法及时采取补救措施，最大程度降低损失。必要时，应及时报告有关监管机构。

合规风险的应对主要从五个大方面考虑，即风险上报、风险规避、风险减轻、风险接受和风险转移。详见图 7-2。

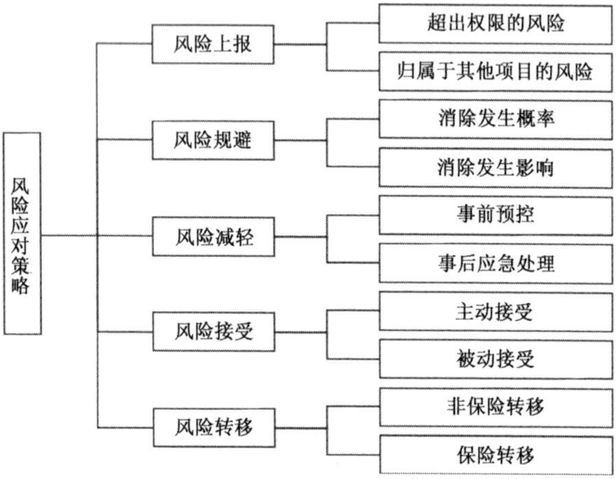

图 7-2　风险应对方案框架图

1. 风险上报

如果某风险不在职责范围内，或提议的应对措施超出了责任人能力或权限，就应该采用上报策略。被上报的风险将在相应的相关部门加以管理。而风险责任人确定应就风险通知哪些人员，并向该人员或组织部门传达关于该风险的详细信息。

上报策略带来的好处是能在更高层次进行统筹管理，能调动更多的资源来响应风险。合规管理人员应该充分意识到上报并不是责任推诿，也更应清楚地意识到如果在超出职权能力范围内自行管控风险或是瞒报而导致风险没有得到及时有效处理，都将导致最终的失控。

2. 风险规避

风险规避是指采取行动来消除威胁，避免受威胁的影响。规避策略其应对的核心是“阻断”，即把概率降低到零；或者风险发生了，主体也会受保护而不受影响。

某些合规风险发生概率和损失都很大，但又没有经济有效的措施来减小风险，合规管理人员就应该采取放弃项目或原计划，或者改变目标，避免损失。

采取风险规避策略常须同时满足以下三点：

一是对合规风险要有足够的认识和把握。

二是该风险发生的概率很高，带来的后果很严重。

三是采用其他应对策略的代价超过风险所带来的经济效益，只有采取风险规避才能将项目损失降到最低。

但运用该策略时也须认识以下三点：

一是风险是始终都存在的，规避这个风险可能会面对另外一个新的风险。

二是规避风险也就丧失了从该风险中获取利益的机会。

三是风险规避要把握最佳时机，当断则断。

正如上所述，在采取规避策略的时候，往往需要付出相对较大的代价，因此在制定策略的时候需要考虑经济性和可行性的权衡，如果无法完全规避，可以考虑强化其他策略。

3. 风险减轻

风险减轻是指采取措施来降低威胁发生的概率和（或）影响，最终使风险在可控范围内。当风险应对目标是只需可防可控时，或对于需要完全消除风险（高风险），但因风险特性或其他因素无法采取规避措施时，优先采用减轻策略。

采取减轻策略，在制定具体应对方案时，从决定风险严重性的因素入手，通过强化过程控制来降低概率和损失。

减轻策略一般包括事前控制和事后控制。事前控制是指通过制定防范性措施来降低风险事件发生概率的行为，分为有形的和无形的。

有形的措施如高空作业人员必须系安全带，脚手架挂安全网；进场人员须戴安全帽；易燃易爆材料远离办公场所等。无形的措施如对现场工作人员进行风险教育，制定严格的风险管理制度，采取多种货币结算方式等。事后控制是指通过制定应急处理计划来尽量减小风险事故所造成的损失或抑制事故进一步发展的行为。相应的措施如调整施工进度和材料设备采购计划；准备索赔证据，计算索赔金额，递交索赔报告；查看项目资金链运转状况，调整融资计划等。

4. **风险接受**

风险接受，又称为风险自留。风险接受是指承认风险的存在，事前不主动采取措施，因此它不改变风险的概率和损失，是依靠自身的力量来承担风险事故损失的行为。此策略可用于低优先级威胁，也可用于无法以任何其他方式加以经济有效应对的威胁。对于采用接受策略（暂时不管它）的风险，有两种建议，一是为它建立应急储备，包括预留时间、资金或资源以应对出现的威胁；二是定期审查，确保其并未发生重大改变。

5. **风险转移**

转移涉及将应对威胁的责任转移给第三方，让第三方管理风险并承担威胁产生的影响。采用转移策略，通常需要向承担威胁的一方支付风险转移费用。购买保险、使用履约保函、使用担保书或保证书是转移的最常见手段。

该行为并不能减小风险发生的概率和损失，而只是将风险损失转移给最有能力承担或控制的其他组织或个人。一般分为保险转移和非保险转移。

保险转移是指项目主体通过购买工程保险来将风险转移给保险公司。常见的保险转移措施有：建筑工程一切险、安装工程一切险、社会保险、车险、汇率险等。

非保险转移是指项目主体通过签订合同将风险转移给对方。该方法能够转移那些不可投保但被转移者长于该类风险管理的风险。但要注意被转移者的财务能力，一旦无法承受风险带来的损失而破产，那么最终的损失仍由转移者承担。此外为确保风险转移的顺利落实，在合同中须明确规定双方的权利与责任。常见的非保险转移措施有：工程分包、转包、担保、出售；技术转让；设备租赁；免责合同等。

（五）风险监控

监控风险是在整个项目期间，监督商定的风险应对策略的实施、跟踪已识别风险、识别和分析新风险，以及评估风险管理有效性的过程。

由于在项目实施过程中合规风险是不断变化的，企业应落实监控措施，管理合规义务和对应的合规风险，实现预期的行为。

采取有效的监控措施确保满足合规义务，能够预防或发现不合规事件并纠正。充分而严格地设计各类、各层次的监控措施，以促进企业的活动和运行环境实现合规义务。

比如，控制包括：

· 清晰、实用并易于遵循的文件化运行方针、程序、过程和操作指示；

· 系统和异常报告；

· 审批；

· 划分有冲突的角色和职责；

· 自动化过程；

· 年度合规计划；

· 员工绩效计划；

· 合规评估和审核；

· 管理层的承诺和促进合规行为的其他措施；

· 对预期的员工行为（标准、价值观和行为准则）进行主动、公开且经常的沟通。

风险监控方法如下：

· 风险审计：专人督察风险监控机制的执行情况，并定期对风险执行过程进行审核。

· 风险审查会：定期召开合规风险的审查会，来检查和记录风险应对策略的有效性。在风险审查中，还可以识别出新的合规风险，并及时制定应对措施。

· 技术指标分析：比较计划技术指标与实际技术指标之间的差异。

· 风险预警监督：度量项目在运作过程中某指标偏离预警线的强弱程度、发出预警信号并提前采取防范措施。

结 语

开展境外经营是中国企业实现企业发展战略，参与“一带一路”建设，推进中国与世界各国（各地区）互利共赢的重要方式。强化合规经营意识是企业海外经营行稳致远的前提。

不论国内还是国外，廉洁、合规都已成为世界范围内对企业的基本要求，国际机构以及国家（地区）、行业组织等各个层面的监管力度都将越来越大，企业依法合规经营已经成为当今企业治理的国际趋势。中国的工程建设企业也应当积极顺应国际趋势，认识到建立合规制度、强化合规监管的重要性，努力建设和实施符合国际标准的合规经营制度。

我国工程建设企业在“走出去”过程中，因不合规被处罚的案例比比皆是，而在海外失败项目中的经验教训，往往具有很高的相似度。“屁股出去了，脑袋还留在国内”，这十分形象而深刻地概括了合规问题的成因。我国工程建设企业在国内市场的技术、工期等方面创造了一系列的工程奇迹，但是我们必须清楚地认识到，这些“奇迹”的产生是依赖中国这个得天独厚的市场环境，占尽“天时、地利、人和”，一旦脱离了这个熟悉的市场环境，丧失了赖以创造“奇迹”的土壤，中国承包商很难复制“中国速度”。

我国工程建设企业在几十年“走出去”的过程中所形成的经验，往往是以高成本作为代价的。而用高成本换来的境外工程经验，又常常是低效率的。一方面，获得经验的往往是个人，而个人的经验很难转化为组织合规体系的一部分，常常出现“人走了，经验也被带走了”的怪现象。然后，企业又不得不重新开始“交学费”和积累教训，很少能够像成熟的国际承包商那样，及时把经验和教训总结、固定下来，形成失败项目的案例库。另一方面，我国“走出去”的工程企业之间难以建立有效的沟通交流机制，个别企业的经验教训难以成为整个行业的共同财富。如果不能突破这种重蹈覆辙的恶性循环，我们所付出的“学费”会更加惊人。

因此，我们编制了本书，对境外合规经营的经验予以总结。期望通过我们的努力，把大家的经验串联起来，能使境外经营人员及企业，对境外各国（各地区）的经营方式及合规要求有总体的了解；同时，希望通过本书，加强企业对合规意识、合规文化及合规具体要求方面的重视。

附 录

附录1 斯里兰卡部分政府部门和相关机构一览表

序号	机构名称	网址
1	总统府秘书处	www. presidentsoffice. gov. lk
2	总理办公室	www. pmoffice. gov. lk
3	最高法院	www. supremecourt. lk
4	议会	www. parliament. lk
5	政府内阁办公室	www. cabinetoffice. gov. lk
6	国防部	www. defence. lk
7	财政、经济稳定和国家政策部	www. treasury. gov. lk
8	外交部	www. mfa. gov. lk
9	港口、航运与航空部	www. portmin. gov. lk
10	公共行政、内政、省务和地方政府部	www. pubad. gov. lk
11	渔业部	www. fisheries. gov. lk
12	教育部	www. moe. gov. lk
13	交通与高速公路部	www. transport. gov. lk
14	媒体部	www. media. gov. lk
15	卫生部	www. health. gov. lk
16	国家供排水委员会	www. waterboard. lk
17	农业、野生生物资源与森林资源保护部	www. mwfc. gov. lk

续　表

序号	机构名称	网址
18	司法、监狱事务与宪法改革部	www. moj. gov. lk
19	旅游和土地部	www. tourismmin. gov. lk
20	种植业部	www. plantation. gov. lk
21	产业部	www. industry. gov. lk
22	城市发展与住房部	www. smoud. gov. lk
23	佛教、宗教与文化部	www. mbs. gov. lk
24	电力与能源部	www. powermin. gov. lk
25	环境部	www. env. gov. lk
26	体育与青年部	www. moys. gov. lk
27	灌溉部	www. irrigationmin. gov. lk
28	劳工与海外就业部	labourmin. gov. lk
29	公共安全部	www. pubsec. gov. lk
30	贸易、商务与粮食安全部	www. trade. gov. lk
31	斯里兰卡投资局	www. investsrilanka. com
32	斯里兰卡中央银行	www. cbsl. gov. lk
33	斯里兰卡外部资源局	www. erd. gov. lk
34	斯里兰卡出口发展局	www. srilankabusiness. com
35	斯里兰卡商务司	www. doc. gov. lk
36	斯里兰卡海关	www. customs. gov. lk
37	斯里兰卡移民局	www. immigration. gov. lk
38	斯里兰卡税务局	www. ird. gov. lk
39	斯里兰卡公司登记处	www. drc. gov. lk

续 表

序号	机构名称	网址
40	斯里兰卡进出口管理局	www. imexport. gov. lk
41	斯里兰卡道路发展局	www. rda. gov. lk
42	斯里兰卡城市发展局	www. uda. gov. lk
43	斯里兰卡港务局	www. slpa. lk
44	斯里兰卡铁路局	www. railway. gov. lk
45	斯里兰卡民航局	www. caa. lk
46	锡兰电力局	www. ceb. lk
47	斯里兰卡邮政局	www. slpost. gov. lk
48	斯里兰卡统计局	www. statistics. gov. lk
49	斯里兰卡大律师公会	www. basl. lk
50	斯里兰卡电信管理委员会	www. trc. gov. lk
51	斯里兰卡证券交易委员会	www. sec. gov. lk
52	斯里兰卡灾害管理中心	www. dmc. gov. lk

附录2 斯里兰卡主要商协会

商协会名称	联系方式
斯里兰卡中国企业商会	会长单位：中国港湾工程有限责任公司 秘书长单位：招商局港口控股有限公司 地址：Level 32, East Tower, World Trade Center, Colombo 1 电话：009411-2470998 传真：009411-2470997 邮箱：mishuchu@ cccsl. lk
斯里兰卡华侨华人联合会	会长：方加度，0094-0775637032 地址：2F, Astoria shopping mall, Colombo 3 电话：009411-2593044，009411-2594419 传真：009411-2593044 邮箱：sloca1218@ gmail. com，zhhby@ yahoo. com

附录3 斯里兰卡部分中资企业

企业名称	地址	邮箱
中国港湾斯里兰卡区域公司	level 32, east tower, WTC	chec@ cccsl. lk
招商局港口控股有限公司	Sayurupaya, Mirijjawila, Hambantota 120/20, Marine Drive Road, Colombo	cict@ cccsl. lk
华为技术斯里兰卡有限责任公司	Level 16, West Tower, World Trade Center, Colombo 1, Sri Lanka	huawei@ cccsl. lk
中兴通讯斯里兰卡子公司	7th Floor, IBM Building Nawam Mawatha Colombo 2, Sri Lanka	zte @ cccsl. lk
中国机械设备工程股份有限公司	Level-25, East Tower, WTC, Colombo 01, Sri Lanka	cmec@ cccsl. lk
中国地质工程集团有限公司	Meewella Building, 6th Floor, Gall Road, Colombo 04, Sri Lanka	chinageo@ cccsl. lk
中国航空技术国际工程有限公司	No. 88, Ward Place, Colombo-7	caticeng@ cccsl. lk
中航技进出口有限责任公司	Hydepark Residencies, No. 79, Hydepark Corner	catic@ cccsl. lk
中国电力建设集团有限公司	No. 456 R A De Mel Mawatha, Colombo 03, Srilanka	powerchina@ cccsl. lk
中国港湾科伦坡港口城有限责任公司	Central Point Building 4th& 5th Floors No. 54 Chatham Street Colombo 01, Sri Lanka	portcity@ cccsl. lk